中国自动驾驶
商 | 业 | 应 | 用 | 报 | 告

庞春霖 ◎主编

电子科技大学出版社
University of Electronic Science and Technology of China Press

·成都·

图书在版编目(CIP)数据

中国自动驾驶商业应用报告 / 庞春霖主编. —成都：电子科技大学出版社, 2022.11
ISBN 978-7-5647-9473-6

Ⅰ.①中… Ⅱ.①庞… Ⅲ.①汽车驾驶−自动驾驶系统−商业化经营−研究报告−中国 Ⅳ.①U463.61

中国版本图书馆CIP数据核字(2022)第009863号

中国自动驾驶商业应用报告
ZHONGGUO ZIDONG JIASHI SHANGYE YINGYONG BAOGAO

庞春霖　主编

策划编辑	段　勇　杨雅薇
责任编辑	段　勇
助理编辑	杨雅薇

出版发行	电子科技大学出版社
	成都市一环路东一段159号电子信息产业大厦　邮编 610051
主　页	www.uestcp.com.cn
服务电话	028-83203399
邮购电话	028-83201495
印　刷	四川煤田地质制图印刷厂
成品尺寸	170mm×240mm
印　张	11.25
字　数	200千字
版　次	2022年11月第1版
印　次	2022年11月第1次印刷
书　号	ISBN 978-7-5647-9473-6
定　价	68.00元

版权所有，侵权必究

参编单位

发布单位： 车载信息服务产业应用联盟

参编单位： （排名不分先后，按单位首字母排序）

包头钢铁（集团）有限责任公司、北京航空航天大学、北京踏歌智行科技有限公司、长沙行深智能科技有限公司、内蒙古北方重型汽车股份有限公司、苏州挚途科技有限公司、苏州智加科技有限公司、潍柴雷沃智慧农业科技股份有限公司、驭势科技（北京）有限公司、中国移动上海产业研究院

主编人员： 庞春霖

参编人员： （排名不分先后，按姓名首字母排序）

安向京	蔡建业	陈洪标	董万亮	方啸	郭海全
胡庭波	李涵	李和伦	李达	廖亚萍	刘万千
路峰峰	梅琴	潘意	渠军	容力	沈沛鸿
施小东	施媛媛	孙坤	孙雪莲	汪建球	王辉
王磊	王秀峰	王章宇	王璨	王进	杨永勋
余贵珍	杨楠	赵厚芳	张青山	周彬	邹慧珍

序 言

科学技术是人类改造自然的基础,也是各种劳动工具和生产方法的创新来源。习近平反复强调科技创新的重要性,他说:"科技是国之利器,国家赖之以强,企业赖之以赢,人民生活赖之以好。中国要强,中国人民生活要好,必须有强大科技。"新时期、新形势、新任务,要求我们在科技创新方面有新理念、新设计、新战略。

作为人类生产生活的重要工具,车辆、工程机械、农业机械等各种地面移动作业平台从出现伊始就在人类生产和社会生活中发挥着积极的作用。随着卫星导航、融合感知、人工智能、物联网、大数据、5G等技术的发展渗透、融合,上述移动作业平台的功能、性能和属性也发生着翻天覆地的变化,智能汽车、智慧农机、智能工程机械等从传统的机械作业装备变成具备数据感知、信息传递、自主决策、自动作业的新型作业终端,信息化、网联化、智能化成为移动作业平台发展的必然趋势。纵观世界,发达国家在成熟的工业化和信息革命基础上加快科技和产业战略布局,积极构建以新型智能移动作业平台为节点、以信息通信网络为基础的各种各样的物联网体系,以适应城市交通、干线物流、农业生产、矿山经营等领域的新变化和新需求。

2021年,作为我国车联网领域的产业创新组织——车载信息服务产业应用联盟(TIAA)立足自己的实践工作和部门委托任务,结合广大成员单位需求,决定梳理交通、矿山、农业、机场、港口、社区等领域的自动驾驶商业应用现状，由此分析新型移动作业平台所需要的感知、通信、算法、智能硬件等有关的技术和产品现状，判断未来走势，研究可能的技术趋势，并以此给全体成员单位和行业提供借鉴、参考。经过一年多的努力，车载信息服务产业应用联盟（TIAA）组织包头钢铁（集团）有限责任公司、北京航空航天大学、北京踏歌智行科技有限公司、长沙行深智能科技有限公司、潍柴雷沃智慧农业科技股份有限公司、内蒙古北方重型汽车股份有限公司、苏州挚途科技有限公司、苏州智加科技有限公司、驭势科技（北京）有限公司、中国移动上海产业研究院等骨干成员单位，立足实践，收集了自动驾驶在上述技术领域中的最新现状、技术、产品，确定了相关的定义和概念，研究、判断了未来十年自动驾驶的技术方向、产品形态和应用态势，并将这些成果写入了本书。

参与该书编撰的全体单位和人员，主动作为、敢于担当，我相信这样一批骨干将会带动更多的单位、个人投身于自动驾驶创新创业的大潮，推动我国智能移动作业平台的科研能力、技术水平和产品实力不断提高。相信在不久的将来，越来越多的智能化甚至无人化的移动作业平台将成为我国国民经济主战场和社会生活中的重要一员，而这样的实践也将为国家科技创新和产业发展提供坚强有力的支撑！

本书的出版，不但可以为产业、市场和科研提供一手的资料，同时对于普及以自动驾驶为中心的自动作业体系，加快构建我国智能交通系统（ITS），加快智能农场（SF）、智慧矿山建设具有积极的意义。

中国工程院院士

李骏

目 录

第一章　自动驾驶背景和现状……………………………… 01
　　一、自动驾驶等级划分 ……………………………… 01
　　二、我国自动驾驶政策导向 ………………………… 06

第二章　自动驾驶核心技术和应用示范………………………… 09
　　一、共性核心技术与零部件产业链发展现状 ……… 09
　　二、各领域自动驾驶侧重点区分 …………………… 13
　　三、自动驾驶标准体系建设现状 …………………… 14
　　四、测试与应用示范现状 …………………………… 18

第三章　自动驾驶在农业领域的商业化应用……………… 23
　　一、商业化应用情况 ………………………………… 23
　　二、关键核心技术 …………………………………… 29
　　三、重大事件 ………………………………………… 32
　　四、主要技术团队 …………………………………… 35
　　五、标准化情况 ……………………………………… 40
　　六、行业发展建议 …………………………………… 41

第四章 自动驾驶在工矿领域的商业化应用 ········ 43
- 一、典型案例 ········ 44
- 二、经济效益和积极成果 ········ 47
- 三、存在的问题 ········ 49
- 四、矿山无人运输标准体系框架 ········ 51
- 五、主要骨干企业 ········ 52
- 六、重大融资事件 ········ 53
- 七、工矿领域自动驾驶核心技术 ········ 54
- 八、国家政策支持 ········ 57

第五章 自动驾驶在机场领域的商业化应用 ········ 58
- 一、机场领域典型商业化应用案例 ········ 58
- 二、探索利用无人驾驶技术 ········ 59
- 三、经济效益和积极成果 ········ 60
- 四、存在的问题和不足 ········ 61
- 五、标准化建设情况 ········ 62
- 六、主要的技术团队和骨干企业 ········ 62
- 七、重大事件 ········ 63
- 八、发展趋势和技术重点 ········ 64
- 九、政策和管理建议 ········ 65

第六章 自动驾驶在港口领域的商业化应用 ········ 67
- 一、部分港口集装箱码头开始进入试运营阶段 ········ 67
- 二、数十个港口码头自动驾驶正开展工程化验证 ········ 70
- 三、自动驾驶已经成为传统码头智慧化改造的有效支撑 ········ 74
- 四、港口自动驾驶商用面临技术与成本双重挑战 ········ 75
- 五、国内港口自动驾驶领域标准化加快进程 ········ 76

六、数十家初创企业抢滩布局港口自动驾驶 ………………… 78
　　七、2020年以来港口自动驾驶商用进程明显提速 …………… 81
　　八、2025年港口自动驾驶将实现中等规模应用 ……………… 85
　　九、加大政策支持引导，加快世界一流港口建设步伐 ……… 87

第七章　自动驾驶在社区领域的商业化应用 ……………………… 91
　　一、末端物流无人化商业雏形 ………………………………… 92
　　二、典型的工程化落地应用 …………………………………… 97
　　三、解决末端物流领域矛盾及问题 ………………………… 102
　　四、行业初期发展阶段面临的困境 ………………………… 104
　　五、行业的标准化进程 ……………………………………… 105
　　六、行业市场格局 …………………………………………… 108
　　七、重大或典型事件 ………………………………………… 110
　　八、行业市场和技术发展趋势判断 ………………………… 112
　　九、对政府推动行业快速发展的相关建议 ………………… 113

第八章　自动驾驶在货运领域的商业化应用 …………………… 116
　　一、自动驾驶在货运领域商业化应用的意义 ……………… 116
　　二、行业标准化体系建设 …………………………………… 119
　　三、主要的技术团队和骨干企业 …………………………… 122
　　四、商业化应用重大事件 …………………………………… 125
　　五、已开展的商业化应用 …………………………………… 127
　　六、发展趋势和技术重点 …………………………………… 131
　　七、存在的问题和不足 ……………………………………… 134
　　八、政策和管理建议 ………………………………………… 138

第九章　自动驾驶在城市的商业化应用……………………… 141
　　一、自动驾驶在城市落地项目的开展情况 ………………… 141
　　二、多元的城市自动驾驶价值和实现途径 ………………… 145
　　三、经济和社会效益 ………………………………………… 148
　　四、存在的问题和不足 ……………………………………… 149
　　五、标准化情况 ……………………………………………… 152
　　六、主要的技术团队和骨干企业 …………………………… 153
　　七、重大事件 ………………………………………………… 155
　　八、发展趋势和技术重点 …………………………………… 156
　　九、政策与管理建议 ………………………………………… 160

第十章　总结与展望…………………………………………… 162

参考文献………………………………………………………… 165

后记……………………………………………………………… 167

第一章　自动驾驶背景和现状

一、自动驾驶等级划分

自动驾驶是新一轮科技革命背景下的战略性新兴产业，可显著增强交通安全、实现节能减排、减少道路拥堵、提升社会效率，拉动汽车、电子、软件、通信、智慧城市、智能交通等行业、领域协同发展，对促进我国产业转型升级具有重大战略意义。

2014年1月，国际自动机工程师学会（SAE International）制定了J3016自动驾驶分级标准，将自动驾驶分为6个等级（见表1-1）。其中，L0代表没有自动驾驶加入的人工驾驶，L1～L5则是根据自动驾驶的技术配置和成熟程度进行分级的辅助驾驶、部分自动驾驶、有条件自动驾驶、高度自动驾驶、完全自动驾驶。2018年，SAE更新了自动驾驶等级划分标准，见表1-2所列。

表 1-1 SAE 2014 版自动驾驶等级划分

等级	名称	定义	驾驶操作	周边监控	接管	应用场景
L0	人工驾驶	由驾驶员全权驾驶车辆	驾驶员	驾驶员	驾驶员	无
L1	辅助驾驶	车辆对横向或纵向中的一项进行驾驶操作,其余由驾驶员操作	驾驶员和车辆			限定场景
L2	部分自动驾驶	车辆对横向和纵向中的多项进行操作,其余由驾驶员操作	车辆			
L3	有条件自动驾驶	由车辆完成大部分驾驶操作,驾驶员需保持注意力以备不时之需				
L4	高度自动驾驶	由车辆完成所有驾驶操作,驾驶员无须保持注意力,但限定道路和环境条件		车辆	车辆	
L5	完全自动驾驶	由车辆完成所有驾驶操作,驾驶员无须保持注意力				所有场景

第一章 自动驾驶背景和现状

表 1-2 SAE 2018 版自动驾驶等级划分

等级	等级名称	定义	动态驾驶任务（DDT）		动态驾驶任务失效处理	设计运行范围（ODD）
			持续的横向和纵向车辆运动控制	目标和事件的检测与响应（OEDR）		
驾驶员完成部分或全部动态驾驶任务						
0	无驾驶类自动过程	即使得到主动安全系统的帮助，也是由驾驶员完成全部 DDT	驾驶员	驾驶员	驾驶员	不适用
1	驾驶辅助	在人类驾驶员执行其他 DDT 的预期下，一个驾驶辅助系统持续地在特定 ODD 中执行横向或者纵向的车辆运动控制任务（不同时执行两者），这些任务是 DDT 的分支任务	驾驶员及系统	驾驶员	驾驶员	受限
2	部分自动驾驶	在人类驾驶员完成分支的 OEDR 任务并监管驾驶自动系统的预期下，一个驾驶自动系统持续地在特定 ODD 中执行横向及纵向的车辆运动控制任务，这些任务是 DDT 的分支任务	系统	驾驶员	驾驶员	受限

续表

等级	等级名称	定义	动态驾驶任务（DDT）		动态驾驶任务失效处理	设计运行范围（ODD）
			持续的横向和纵向车辆运动控制	目标和事件的检测与响应（OEDR）		
	自动驾驶系统（"系统"）完成全部动态驾驶任务（在启用时）					
3	有条件自动驾驶	系统持续地，并在特定DDD中完成全部DDT，其条件是：DDT的失效待命，用户能接收自动驾驶系统发出的干预请求、能认知车辆其他系统产生的影响DDT执行的故障，并且妥善回应处理	系统	系统	失效-待命用户（失效期间的用户是驾驶员）	受限
4	高度自动驾驶	在不要求用户回应干预请求的情况下，一个自动驾驶系统持续地在特定ODD中完成全部DDT			系统	
5	完全自动驾驶	在不要求用户回应干预请求的情况下，一个自动驾驶系统持续地、无条件地（即不在特定ODD下）完成全部DDT				不受限

以SAE的自动驾驶等级划分为参考，2020年11月发布的《智能网联

汽车技术路线图2.0》和2021年8月发布的《汽车驾驶自动化分级》（GB/T40429-2021）对国内自动驾驶（智能网联汽车）等级进行了划分，划分方法见表1-3、表1-4所列。

表1-3　智能网联汽车智能化等级划分

分级	名称	车辆横向和纵向运动控制	目标和事件探测与响应	动态驾驶任务接管	设计运行条件
0级	应急辅助	驾驶员	驾驶员及系统	驾驶员	有限制
1级	部分驾驶辅助	驾驶员和系统	驾驶员及系统	驾驶员	有限制
2级	组合驾驶辅助	系统	驾驶员及系统	驾驶员	有限制
3级	有条件自动驾驶	系统	系统	动态驾驶任务接管用户（接管后为驾驶员）	有限制
4级	高度自动驾驶	系统	系统	系统	有限制
5级	完全自动驾驶	系统	系统	系统	无限制*

*排除商业和法规因素限制

表1-4　驾驶自动化等级与划分要素关系

等级	等级名称	等级定义	控制	监视	失效应对	设计运行范围	典型工况场景
		驾驶员监视驾驶环境，执行部分动态驾驶任务					
DA	驾驶辅助	在特定的设计运行范围内，自动驾驶系统持续执行横向或者纵向运动控制的动态驾驶任务，其余动态驾驶任务由驾驶员执行	人与系统	驾驶员	驾驶员	有限制	自适应巡航、车道保持等
PA	部分自动驾驶	在特定的设计运行范围内，自动驾驶系统持续执行横向和纵向运动控制的动态驾驶任务，驾驶员执行失效应对和监视自动驾驶系统	系统				交通拥堵辅助、协同式自适应巡航、自动泊车等

续表

等级	等级名称	等级定义	控制	监视	失效应对	设计运行范围	典型工况场景
		自动驾驶系统监视驾驶环境，执行全部动态驾驶任务					
CA	有条件自动驾驶	在特定的设计运行范围内，自动驾驶系统持续执行全部动态驾驶任务，当系统发出接管请求或者系统出现故障时，用户需要接管系统并做出响应。	系统	系统	驾驶员	有限制	高速公路、交通拥堵、商用车队列有条件自动驾驶等
HA	高度自动驾驶	在特定的设计运行范围内，自动驾驶系统持续执行全部动态驾驶任务和负责失效应对接管用户，不需要响应系统发出的接管请求			系统		高速公路、城市道路、特定场景（如代客泊车）高度自动驾驶等
FA	完全自动驾驶	在任何可行驶条件下，自动驾驶系统持续执行全部动态驾驶任务和负责失效应对接管，用户不需要响应系统发出的接管请求				无限制	所有行驶场景

二、我国自动驾驶政策导向

我国高度重视自动驾驶技术发展与应用，近些年国务院及各部委连续出台了一系列政策导向文件，为自动驾驶商业化应用提供支撑、创造环境。

2015年5月，国务院印发《中国制造2025》，提出到2020年掌握智能辅助驾驶总体技术及各项关键技术、初步建立智能网联汽车自主研发体系及生产配套体系，到2025年掌握自动驾驶总体技术及各项关键技术、建立较完善的智能网联汽车自主研发体系、生产配套体系及产业群。

2016年8月，国家发展和改革委员会和交通运输部联合印发了《推进"互联网+"便捷交通 促进智能交通发展的实施方案》，提出加强车路协同技术应用，推进自主感知全自动驾驶车辆研发，并根据技术成熟程度逐步推动应用。

2016年11月，国务院印发《"十三五"国家战略性新兴产业发展规划》，提出推动人工智能技术在智能汽车、智慧农业等领域应用。

2017年1月，交通运输部印发了《推进智慧交通发展行动计划（2017—2020）》，要求推动智能化运输装备升级改造，推广应用具有短程通信、电子标识、高精度定位、自动监测、自动驾驶等功能的智能运输装备和自动装卸机具，新建或改造智能交通核心技术检测平台及试验场所，提高车载智能终端、车路协同设备等智能化运输装备的检测能力。

2017年4月，工业和信息化部、国家发展和改革委员会、科技部联合印发了《汽车产业中长期发展规划》，提出推进智能网联汽车技术创新，着力推动关键零部件研发，重点支持传感器、控制芯片、北斗高精度定位、车载终端、操作系统等核心技术研发及产业化；组织开展应用试点和示范，完善测试评价体系、法律法规体系建设；到2025年，汽车DA、PA、CA新车装配率达80%，其中PA、CA级新车装配率达25%，高度和完全自动驾驶汽车开始进入市场。

2017年7月，国务院印发《新一代人工智能发展规划》，指出要发展自动驾驶汽车和轨道交通系统，加强车载感知、自动驾驶、车联网、物联网等技术集成和配套，开发交通智能感知系统，形成我国自主的自动驾驶平台技术体系和完善产品总成能力，探索自动驾驶汽车共享模式；研制农业智能传感与控制系统、智能化农业装备、农机田间作业自主系统等。

2018年4月，工业和信息化部、公安部、交通运输部共同印发《智能网联汽车道路测试管理规范（试行）》，明确了测试主体、测试驾驶人及测试车辆应具备的条件，及测试申请及审核流程，测试管理流程，交通违法和事故处理等内容。

2019年9月，中共中央、国务院印发《交通强国建设纲要》，提出加强智能网联汽车（智能汽车、自动驾驶、车路协同）研发，形成自主可控完整的产业链；到2035年，基本建成交通强国，基本形成"全国123出行交通圈"（都市区1小时通勤、城市群2小时通达、全国主要城市3小时覆盖）和"全球123快货物流圈"（国内1天送达、周边国家2天送达、全球主要城市3天送达），旅客联程运输便捷顺畅，货物多式联运高效经济。

2020年2月，国家发展和改革委员会、中央网信办、科技部等11个部委联合发布《智能汽车创新发展战略》，提出构建协同开放的智能汽车技术创新体系、构建跨界融合的智能汽车产业生态体系、构建先进完备的智能汽车基础设施体系、构建系统完善的智能汽车法规标准体系、构建科学规范的智能汽车产品监管体系、构建全面高效的智能汽车网络安全体系；到2025年实现有条件自动驾驶的智能汽车规模化生产，实现高度自动驾驶的智能汽车在特定环境下的市场化应用。

2020年7月，国务院办公厅发布《关于进一步优化营商环境更好服务市场主体的实施意见》，提出统一智能网联汽车自动驾驶功能测试标准，推动实现封闭场地测试结果全国通用互认，督促封闭场地向社会公开测试服务项目及收费标准，简化测试通知书申领及异地换发手续，对测试通知书到期但车辆状态未改变的无须重复测试、直接延长期限。在条件成熟的特定路段及有需求的机场、港口、园区等区域探索开展智能网联汽车示范应用。

2020年11月，国务院办公厅印发《新能源汽车产业发展规划（2021—2035年）》，提出到2025年，高度自动驾驶智能网联汽车实现在限定区域和特定场景的商业化应用，2035年实现规模化应用。

2020年12月，交通运输部发布《关于促进道路交通自动驾驶技术发展和应用的指导意见》，提出加强自动驾驶技术研发、提升道路基础设施智能化水平、推动自动驾驶技术试点和示范应用、健全适应自动驾驶的支撑体系；到2025年，建成一批国家级自动驾驶测试基地和先导应用示范工程，在部分场景实现规模化应用，推动自动驾驶技术产业化落地。

第二章 自动驾驶核心技术和应用示范

一、共性核心技术与零部件产业链发展现状

2015年9月,《〈中国制造2025〉重点领域技术路线图(2015版)》正式发布,其中第六部分"节能与新能源汽车"对智能网联汽车的关键共性技术和关键零部件进行了初步分类与阐述。

(1)关键共性技术:多源信息融合技术、车辆协同控制技术、数据安全及平台软件、人机交互与共驾技术、基础设施与技术法规。

(2)关键零部件:车载光学系统、车载雷达系统、高精定位系统、车载互联网终端、集成控制系统。

2016年8月、10月,支撑政府科技和产业相关规划的重要文件《智能网联汽车技术路线图1.0》《节能与新能源汽车技术路线图1.0》相继发布,对包括智能网联在内的汽车核心领域技术架构、技术路线、技术发展重点进行了全面规划。

(一)《节能与新能源汽车技术路线图1.0》

技术路径:发展感知、定位、通信技术,同步发展多源信息融合技术,推动智能网联汽车相关标准,推动道路交通等设施的信息化和智能化。

技术发展重点:智能网联汽车环境感知系统搭建,智能电动汽车集成控

制技术，车载 V2X 无线通信技术应用，智能网联汽车信息安全检测与防护关键技术，机器视觉深度认知技术，云网一体化技术，动态高精度地图综合研究。

2020 年 10 月，《节能与新能源汽车技术路线图 2.0》发布。该版本对 1.0 版本发布后的技术进展和短板弱项进行客观评估，并对未来 15 年技术与产业发展进行了顶层规划。

1. 技术与产业现状评估

（1）智能网联汽车整车智能化水平进一步提升，高级别自动驾驶车辆在园区、港口、矿山等区域得到了示范应用。

（2）信息交互技术与国际领先水平保持同步，我国提出的大数据云控基础平台架构具有先进性。

（3）人工智能、安全技术、高精度地图、高精度定位等基础支撑技术加快落地，高精度地图与定位技术进展与国际先进水平保持同步。

2. 未来 15 年的技术与产业规划

（1）到 2035 年，中国方案智能网联汽车技体系基本成熟，产品被大规模应用。

（2）关键核心技术自主化水平显著提升，形成协同高效、安全可控的产业链。

（3）技术创新体系优化完善，原始创新水平具备全球引领能力。

（二）《智能网联汽车技术路线图 1.0》

此路线图将智能网联技术划分为"三横两纵"技术架构，其中，"三横"指车辆关键技术、信息交互关键技术与基础支撑关键技术，"两纵"指支撑智能网联汽车发展的车载平台与基础设施。该技术架构全面、系统地阐述了自动驾驶与车联网的共性核心技术。

它还对未来 15 年关键共性技术，多源信息融合技术、车辆协同控制技术、电子电气架构、信息安全技术、人机交互共驾技术、道路基础设施、标准法规进行了总体规划，并给出建设性实施路径。

它也对未来 15 年环境感知技术、高精度定位与地图、通信与信息交互平台、车载智能终端及 HMI 产品、集成控制与执行系统所涉及的关键零部件技术、产品、产业进行了总体规划，并给出建设性实施路径。

2020 年 11 月，《智能网联汽车技术路线图 2.0》发布。该版本对智能网联汽车技术架构和体系进行了全面梳理与修订，分析了智能网联汽车的技术发展现状和未来演进趋势，对未来 15 年智能网联汽车核心技术发展及关键零部件产业发展进行了顶层规划。

技术架构方面，对"三横两纵"技术架构进行了重新梳理与修订，修订后的技术架构与 1.0 版本的区别见表 2-1 所列。

表 2-1 《智能网联汽车技术路线图》两个版本技术架构区别

"三横"	1.0 版本技术	2.0 版本技术
车辆关键技术	环境感知技术	新增系统设计技术，包括电子电气架构技术、人机交互技术、智能计算平台技术
	智能决策技术	
	控制执行技术	
信息交互关键技术	V2X 通信技术	改为专用通信与网络技术
	云平台与大数据技术	改为大数据运控基础平台技术
	信息安全技术	将信息安全移至基础支撑关键技术，此处改为车路协同技术
基础支撑关键技术	高精度地图与高精度定位	新增人工智能技术、安全技术，其中，安全技术包括信息安全技术、功能安全技术、预期功能安全技术
	标准法规	
	测试评价	

技术和产品创新能力方面，新版本文件以五年为周期，对未来 15 年技术与产品进行了顶层规划。

1. 2025 年（发展期）

（1）建立较为完善的智能网联汽车自主研发体系、生产配套体系、创新产业链体系。

（2）掌握智能网联汽车关键技术，产品质量与价格均具有较强国际竞争力，拥有世界排名前十的供应商 1~2 家。

（3）北斗高精度时空服务实现全覆盖，"人 - 车 - 路 - 云"系统达到初步协同。

2. 2030 年（推广期）

（1）形成完善的智能网联汽车自主研发体系、生产配套体系、创新产业链体系。

（2）部分关键技术达到国际领先水平，中国品牌智能网联汽车及核心零部件企业具备较强国际竞争力，实现产品大规模出口。

（3）"人 - 车 - 路 - 云"系统达到高度协同。

3. 2035 年（成熟期）

（1）智能网联汽车重大关键核心技术全面取得自主掌握突破，技术创新能力领跑全球。

（2）中国品牌智能网联汽车及核心零部件企业保持强劲的国际竞争实力，形成一批引领世界的智能网联汽车整合和零部件厂商，扩大产品出口规模。

上述文件对自动驾驶共性核心技术、零部件产业链进行了较为全面的梳理，对共性核心技术、零部件产业发展现状进行了阶段性评估，对自动驾驶技术与产业发展进行了长期规划。这种技术架构、零部件产业链划分方法，对于不同应用领域的自动驾驶技术、产品，具备通用性。

1. 在具体应用过程中，对于不同应用领域、不同类型的汽车，对技术、产品的侧重点不同。如，矿山车辆在矿区应用过程中，环境感知方面，无须应用车道线检测技术，但对定位产品精度尤其是高程位置信息有更高要求。

2. 对于非汽车类运输设备、车辆，该技术架构、零部件产业链划分方法同样具备适用性。如社区领域的快递小车、农业领域的农业机械，也用到环境感知、智能决策、控制执行、高精度定位等技术，及摄像头、雷达等零部件。

当前，我国自主品牌的自动驾驶零部件产业链已初具规模，正逐步完善产业生态建设、强化产业集聚。如，激光雷达方面，有上海禾赛科技有限公司、深圳市速腾聚创科技有限公司、深圳市镭神智能系统有限公司、北京北科天绘科技有限公司、深圳市大疆创新科技有限公司，图达通智能科技（苏州）

有限公司等企业；毫米波雷达方面，有惠州市德赛西威汽车电子股份有限公司、森思泰克河北科技有限公司、南京隼眼电子科技有限公司、深圳安智杰科技有限公司等企业；高精地图方面，有百度（中国）有限公司、高德软件有限公司、北京四维图新科技股份有限公司等企业；视觉摄像头方面，有舜宇光学科技（集团）有限公司、欧菲光生物识别有限公司等企业；线控底盘方面，有芜湖伯特利汽车安全系统股份有限公司、格陆博科技有限公司等企业；AI芯片方面，有深圳市海思半导体有限公司、中国寒武纪科技股份有限公司、地平线（上海）人工智能技术有限公司等企业；硬件集成方面，有惠州市德赛西威汽车电子股份有限公司、伟世通公司等企业；C-V2X芯片模组方面，有华为技术有限公司、中国大唐集团有限公司等企业。

二、各领域自动驾驶侧重点区分

我国政策法规的建设与完善为自动驾驶商业化应用发展指明方向，共性核心技术的发展与突破为自动驾驶技术应用提供有力支撑，零部件产业链的发展与丰富为自动驾驶商业化应用创造条件，标准体系的建立与完善为自动驾驶规范化应用提供保障，测试与应用示范的开展为自动驾驶落地应用创造环境。可以说，自动驾驶已具备初步商业化应用时机，在具体应用过程中，由于应用场景、技术属性、产品属性等差异，各领域自动驾驶商业化应用对技术、零部件产业链、标准体系建设、测试与示范的要求与侧重点不同，商业化应用的途径也存在一定差异。

就工具属性而言，城市领域的公交车、出租车属于交通运输工具，而货运领域的公路货车、农业领域的农业机械则属于生产工具。

就工作属性而言，港口领域的货运车辆是载货运输，城市领域的公交车是载客运输，矿山机械的车辆除运输职责外还有作业职责。

就安全属性而言，货车、公交车发生的事故属于道路交通事故，而农业机械发生的事故属于生产事故，不同的事故属性对应的上级管理部门不同。

就应用场景而言，机场领域、港口领域属于相对封闭的应用环境（应用区域与外界交通要素完全没有交互），货运领域应用的高速公路路段属于限定开放应用环境（应用区域与外界交通要素有限交互），城市领域属于开放应用环境（应用区域与外界交通要素没有交互限制）。

就技术属性而言，城市领域公交车、出租车需通过传感器及感知算法实时对道路车道线进行识别，而农业机械、矿山机械的应用则无须车道线检测技术。矿山机械对高程信息的感知要求要远高于其他车辆。

就产品应用属性而言，港口运输车辆在自动驾驶过程中需考虑货物的运输安全；城市公交车辆在自动驾驶过程中除需考虑乘客的运输安全外，还需考虑乘客的驾乘体验；农业机械在自动驾驶过程中则需考虑如何与农机具结合，完成耕种、收获等作业任务。

就产品系统功能属性而言，城市公交车辆自动驾驶系统工作时间是一年365天，每天固定时间段、固定工作时长（小于24小时）；部分农用机械自动驾驶系统会在春耕、秋收季节连续工作1~2个月，每天工作24小时，其他季节系统则进入休眠状态。工作时间的要求不同，对系统功能稳定性的要求不同。

三、自动驾驶标准体系建设现状

我国高度重视自动驾驶标准体系建设，出台了一系列政策导向文件，支撑自动驾驶标准体系建设。

2015年9月，《〈中国制造2025〉重点领域技术路线图》提出制定出台国家层面的智能网联汽车车载环境感知传感器、网络通信、网络安全及信息服务等技术标准。

2016年8月，《智能网联汽车技术路线图1.0》提出到2020年初步建立智能网联汽车标准规范体系，到2025年建立较为完善的智能网联汽车标准法规体系，到2030年形成完善的自主智能网联汽车标准规范体系。

2017年4月，《汽车产业中长期发展规划》提出研究确定我国智能网联汽车通信频率，出台相关协议标准，规范车辆与平台之间的数据交互格式与协议，制定车载智能设备与车辆间的接口、车辆网络安全等相关技术标准。

2017年12月，工业和信息化部、交通运输部、国家标准化管理委员会共同组织制定了《国家车联网产业标准体系建设指南》系列文件，旨在发挥标准在车联网产生生态环境构建中的顶层设计和基础引领作用，推动整个产业健康可持续发展。该系列文件分为总体要求、智能网联汽车、信息通信、电子产品与服务、车辆智能管理、智能交通六个部分。

2017年12月，《国家车联网产业标准体系建设指南（智能网联汽车）》发布，对智能网联汽车标准体系框架进行了顶层设计（见表2-2），并提出到2020年，初步建立能够支撑驾驶辅助及低级别自动驾驶的指南网联汽车标准体系，制定30项以上智能网联汽车重点标准，涵盖功能安全、信息安全、人机界面等通用技术，以及信息感知交互、决策预警、辅助控制等核心功能相关的技术要求和试验方法，促进智能化产品的全面普及与网联化技术的逐步应用；到2025年，系统形成能够支撑高级别自动驾驶的智能网联汽车标准体系，制定100项以上智能网联汽车标准，涵盖智能化自动控制、网联化协同决策技术，以及典型场景下自动驾驶功能与性能相关的技术要求和评价方法，促进智能网联汽车"智能化＋网联化"融合发展，以及技术和产品的全面推广普及。

表2-2　智能网联汽车标准体系框架

智能网联汽车标准体系	基础	术语和定义
		分类和编码
		标识和符号
	通用规范	功能评价
		人机界面
		功能安全
		信息安全

续表

智能网联汽车标准体系	产品与技术应用	信息感知
		决策预警
		辅助控制
		自动控制
		信息交互
	相关标准	通信协议
		界面接口

2018年6月，工业和信息化部、国家标准化管理委员会共同制定了《国家车联网产业标准体系建设指南（总体要求）》，提出针对车联网产业"十三五"发展需要，加快共性基础标准制定，加紧研制自动驾驶及辅助驾驶（ADAS，Advanced Driver Assistant Systems）相关标准、车载电子产品关键技术标准、无线通信关键技术标准、面向车联网产业应用的5G eV2X关键技术标准制定，满足产业发展需求；到2020年，基本建成国家车联网产业标准体系。将标准体系建设划分为智能网联汽车标准体系、信息通信标准体系、智能交通相关标准体系、车辆智能管理标准体系、电子产品与服务标准体系。

2018年6月，《国家车联网产业标准体系建设指南（电子产品与服务）》发布，提出2018年起逐步开展车联网关键电子产品和车载软件的标准制定工作，完成汽车电子产品与服务终端、安全等领域的关键技术标准和应用，完成车载信息服务、平台接口、数据管理等相关标准的制定；2020年完成汽车电子产品与服务平台的关键技术标准及测试标准，建立汽车智能终端的安全和质量认证标准体系，推动车联网服务平台标准在产业中的实际应用。

2018年6月，《国家车联网产业标准体系建设指南（信息通信）》发布，提出2018年年底前完成基础性技术研究，建立基础性技术标准体系，并形成基于LTE-V2X的关键技术标准体系，制定、完善车辆紧急救援、通信安全等重点标准体系，针对标准开展试验验证；到2020年，完成5G支持车联网产业系列标准的制定，进一步完善健全信息通信安全与数据安全等标准。

2020年2月，《智能汽车创新发展战略》提出构建系统完善的智能汽车法规标准体系，到2025年，中国标准智能汽车的技术创新、产业生态、基础设施、法规标准、产品监管和网络安全体系基本形成；2035到2050年，中国标准智能汽车体系全面建成，更加完善。

2020年4月，《国家车联网产业标准体系建设指南（车辆智能管理）》，提出到2022年底完成基础性技术研究，制定及修订智能网联汽车登记管理、身份认证与安全等领域重点标准20项以上，为开展车联网环境下的智能网联汽车道路测试、车联网城市级验证示范等工作提供支撑；到2025年，系统形成能够支撑车联网环境下车辆智能管理的标准体系，制定道路交通运行管理、车路协同管控与服务等业务领域重点标准60项以上。

2021年3月，《国家车联网产业标准体系建设指南（智能交通相关）》，提出到2022年底，制定及修订20项以上关于智能交通基础设施、交通信息辅助等领域的智能交通急需标准，初步构建起支撑车联网应用和产业发展的标准体系；2025年，制定及修订20项以上智能管理和服务、车路协同等领域智能交通关键标准，形成能够支撑车联网应用、满足交通运输管理和服务需求的标准体系。

以国家层面自动驾驶标准体系建设为支撑，各自动驾驶应用领域的相关部门以落地应用为目的，正积极开展自动驾驶在相关领域的标准制定工作。如交通运输部长期以来以营运车辆为应用对象，组织、制定营运客车、货车自动驾驶相关国家及行业标准。目前已发布的自动驾驶相关国家、行业、团体标准见表2-3所列。

表2-3 已发布的自动驾驶应用及自动驾驶相关标准

类型	标准编号	标准名称
国标	GB/T 38186—2019	商用车辆自动紧急制动系统（AEBS）性能要求及试验方法
	GB/T 33577—2017	智能运输系统 车辆前向碰撞预警系统性能要求和测试规程
	GB/T 26773—2011	智能运输系统 车道偏离报警系统性能要求与检测方法
	GB/T 37471—2019	智能运输系统 换道决策辅助系统性能要求与检测方法
	GB/T 39323—2020	乘用车车道保持辅助系统（LKA）系统性能要求及试验方法
	GB/T 34590—2017	道路车辆 功能安全（1~10部分）
	GB/T 20608—2006	智能运输系统 自适应巡航控制系统（ACC）性能要求及试验方法
	GB 39732—2020	汽车事件数据记录系统
	GB/T 39263—2020	道路车辆 先进驾驶辅助系统(ADAS) 术语及定义
	GB/T 39265—2020	道路车辆 盲区监测(BSD) 系统性能要求及试验方法
	GB/T 31024—2014	合作式智能运输系统 专用短程通信（1~2部分）
	GB/T 31024—2019	合作式智能运输系统 专用短程通信（3~4部分）
行标	JT/T 883—2014	营运车辆行驶危险预警系统 技术要求和试验方法
	JT/T 1242—2019	营运车辆自动紧急制动系统性能要求和测试规程
	JT-T 1178.2—2019	营运货车安全技术条件 第2部分：牵引车辆与挂车
	JT/T 1324—2020	营运车辆 车路交互信息集
团标	T/TIAA 015—2019	车联网网络安全防护要求
	T/TIAA 016—2019	智能网联汽车车载端信息安全要求
	T/TIAA 017—2019	车载信息服务 紧急救援（1~3部分）
	T/TIAA 018—2019	车联网 车载应用服务 数据交换格式

四、测试与应用示范现状

2017年12月18日，北京市交通委员会联合北京市公安交管局、北京市经济信息委等部门制定发布《北京市关于加快推进自动驾驶车辆道路测试有关工作的指导意见（试行）》《北京市自动驾驶车辆道路测试管理实施细则（试行）》两份指导文件，用以规范推动自动驾驶汽车的实际道路测试。这是国内首次对自动驾驶道路测试提出规范要求。

为贯彻落实以上两份文件的有关要求，2018 年 2 月，北京市交通委员会、北京市经济和信息委员会、市公安交通管理局发布了《北京市自动驾驶车辆道路测试能力评估内容与方法（试行）》《北京市自动驾驶车辆封闭测试场地技术要求（试行）》作为配套技术文件，为自动驾驶车辆道路测试提供规范方法，对自动驾驶测试场地提出技术要求。

2018 年 4 月 12 日，工业和信息化部、公安部、交通运输部联合发布《智能网联汽车道路测试管理规范（试行）》（以下简称《管理规范》），对国内智能网联汽车道路测试申请、审核、管理、测试主体、测试驾驶人和测试车辆要求等进行规范。

按照《管理规范》要求，测试车辆应在封闭道路、场地等特定区域进行充分的实车测试，由国家或省市认可的从事汽车相关业务的第三方检测机构对其 14 项自动驾驶功能进行检测验证、确认其具备进行道路测试的条件，方可申请进行自动驾驶道路测试。

2019 年 11 月，为积极贯彻落实国务院办公厅《关于进一步优化营商环境更好服务市场主体的实施意见》，响应智能网联汽车示范应用需要，进一步优化完善智能网联汽车道路测试管理，交通运输部、工业和信息化部、公安部启动《管理规范》的修订工作，并于 2021 年 1 月发布《智能网联汽车道路测试与示范应用管理规范（试行）》（以下简称《示范应用管理规范》）征求意见稿，公开征求社会各界意见。修订版本在道路测试基础上增加了对示范应用的要求，明确了道路测试、示范应用和测试区（场）的定义，适用范围进一步由限定道路扩展到限定区域，明确了高速公路可作为道路测试和示范应用的道路；同时，将地级市纳入可具体制定实施细则并组织道路测试和示范应用的省、市范畴。《示范应用管理规范》自动驾驶功能检测项目与《管理规范》检测项目区别与对比见表 2-4 所列。

表2-4 《示范应用管理规范》《管理规范》自动驾驶功能检测项目对比

序号	《管理规范》检测项目	《示范应用管理规范》检测项目		
1	交通标准和标线的识别及响应	交通信号识别及响应（包括交通信号灯、交通标准、交通标线等）		
2	交通信号灯的识别及响应			
3	前方车辆（含对向车辆）行驶状态的识别及响应	周边车辆行驶状态识别及响应(包括影响本车行驶的周边车辆加减速、切入、切出及静止等状态)		
4	障碍物的识别及响应	道路交通基础设施与障碍物识别及响应		
5	行人和非机动车的识别及响应	行人与非机动车识别及响应（包括横穿道路和沿道路行驶）		
6	跟车行驶（包括停车和起步）	风险减缓策略	自动紧急避险（包括自动驾驶系统开启及关闭状态）	车辆定位
7	靠路边停车			
8	超车			
9	并道行驶			
10	交叉路口通行			
11	环形路口通行			
12	自动紧急制动			
13	人工操作接管	动态驾驶任务干预及接管		
14	联网通信	除检测以上通用项目外，还应检测智能网联汽车自动驾驶功能设计运行范围涉及的项目，如联网通信等		

在《管理规范》的指导下，地方政府分别出台了地方自动驾驶测试方法与管理办法。

2018年4月，长沙市经济和信息化委员会、长沙市公安局、长沙市交通运输局、湘江新区管委会经发局联合制定印发了《长沙市智能网联汽车道路测试管理实施细则(试行)》。

2018年7月，天津市交通运输委员会、天津市工业和信息化委员会、天津市公安局联合编制出台了《天津市智能网联汽车道路测试管理办法(试行)》。

2018年7月，杭州市经济和信息委员会、杭州市公安局、杭州市交通运输局出台《杭州市智能网联车辆道路测试管理实施细则（试行）》。

2018年11月，河南省工业和信息化委员会、河南省公安厅、河南省交通运输厅印发《河南省智能网联汽车道路测试管理办法（试行）》。

2018年12月，广东省工业和信息化厅、公安厅、交通运输厅制定了《广东省智能网联汽车道路测试管理规范实施细则（试行）》。

2019年7月，长沙市经济和信息化委员会、长沙市公安局、长沙市交通运输局、长沙市城市管理综合执法局、湘江新区管委会经发局发布《长沙市智能网联汽车道路测试管理实施细则（试行）V2.0》。

2019年9月，上海、江苏、浙江、安徽共同签订了《长江三角洲区域智能网联汽车道路测试互认合作协议》，推动区域内智能网联汽车道路测试的数据共享与测试结果互认，加快智能网联汽车的技术研发过程，促进车联网应用快速落地。

2019年12月，嘉兴市经济和信息化局、嘉兴市公安局、嘉兴市交通运输局发布《嘉兴市智能网联汽车道路测试管理办法实施细则（试行）》发布。

2020年2月，广州市交通运输局、广州市工业和信息化局、广州市公安局印发《关于智能网联汽车道路测试有关工作的指导意见》，该文件替代了广州市于2018年12月印发的历史文件。

2020年6月，长沙市发布《长沙市智能网联汽车道路测试管理实施细则（试行）V3.0》。

2020年8月，合肥市经济和信息化局、合肥市公安局、合肥市交通运输局和包河区人民政府发布了《合肥市智能网联汽车道路测试管理规范实施细则（试行）》。

2021年11月，杭州市经济和信息化局网站发布《杭州市2021年第一批智能网联车辆开放测试道路公告》，萧山、余杭和临安三区部分道路（路段）开放，用于智能网联车辆道路测试。

2022年6月，深圳市第七届人民代表大会常务委员会第十次会议通过《深

圳经济特区智能网联汽车管理条例》，这是我国首部关于智能网联汽车管理的法规，宣告我国进入高阶自动驾驶合法上路新阶段。

2022年10月，重庆市经济和信息化委员会发布《重庆市智能网联汽车道路测试与应用实施细则（试行）》。智能网联汽车在重庆高新区直管园内的各类道路上开展道路测试、示范应用、示范运营等活动将适用该细则。

在《管理规范》和地方规范的支撑下，我国建设、改造了近百个自动驾驶示范区、测试基地，如北京市海淀区中关村自动驾驶创新示范区、国家智能网联汽车（上海）试点示范区、国家智能交通测试及应用推广基地（常州）、自动驾驶封闭场地测试基地（泰兴）、国家智能网联汽车（长沙）测试区、重庆车检院自动驾驶测试应用示范基地等。累计开放智能网联汽车测试道路超过2000公里，累计发放自动驾驶道路测试牌照400余张，累计道路测试里程超过2 000 000公里。

除道路测试示范外，非道路环境自动驾驶测试示范也在如火如荼地进行，且也取得了可观成绩。

2020年，车载信息服务产业应用联盟（TIAA）立足农业全过程无人作业试验，组织相关企事业单位共同编制《农业全过程无人作业试验推进路线图》。推进路线图包括智能农机和作业工程两个部分，其中智能农机技术路线图已于2022年发布，分别由国家农机装备创新中心、兵器地面无人平台研发中心、中国农业大学、南京农业大学、电子科技大学、华南农业大学、中国信息通信研究院、北京理工大学、国家工业信息安全发展研究中心等我国相关领域的骨干事业单位负责各个章节的编写。

在当前农机、农业信息化、网联化、智能化快速发展的形势下，采用路线图方式，立足现状、着眼未来，全面梳理技术和产品体系，分析和预判技术方向、发展阶段、关键节点、主要技术、核心产品等具有极其重要和紧迫的意义，对于政府、科研、产业、用户和投资等各个方面来说，具有积极的参考和借鉴意义。

第三章 自动驾驶在农业领域的商业化应用

农业领域具有作业场景相对封闭、作业活动相对规律等特点，同时，农业活动更关注农机装备的精准作业能力，即强化精准控制、弱化环境感知，一方面有利于减少生产资料投入、减少环境污染（减肥减药），另一方面有利于增加农业收入、提高农作物品质。农业领域将是一个相对较早的自动驾驶商业化落地的应用场景之一。

一、商业化应用情况

（一）背景概述

20世纪90年代初，得益于海湾战争后GPS技术的民用化，美国开始将GPS（Global Positioning System，全球定位系统）系统技术应用到农业生产领域。1993年，明尼苏达州农场进行了精确农业技术试验，用GPS指导施肥的作物产量比传统平衡施肥作物产量提高30%左右。

我国对农机卫星导航自动驾驶技术的研究最早可追溯到2001年，华南农业大学罗锡文等人为了研究农田智能移动作业平台及导航控制技术，将计算机技术、传感器技术、卫星定位技术和通信技术等集成，成功研究卫星导航自动驾驶插秧机，初步掌握了高精度融合定位、地形补偿、路径规划和轨迹跟踪控制等核心技术。2004年，广东省科技计划项目专项支持研制精细农业田间作业平台；2006年，国家"863"计划"精准农业技术与装备"重大项目专项支持农田作业机械智能导航控制技术与产品研发，比较系统地研究了农机导航自动驾驶核心技术，研制了相关产品。

2002年，Trimble、TOPCON、John Deere等进口农机品牌的导航自动驾驶系统开始进入我国（如图3-1），由黑龙江省农垦总局引入，作业质量高，取得了较好的示范效果。2014年之前，我国农机导航自动驾驶市场基本是进口产品，价格昂贵，虽然国内相关科研单位取得了核心技术突破，但在系统集成、工况适应性、市场需求结合及产品化转化方面有所欠缺，限制了技术推广。

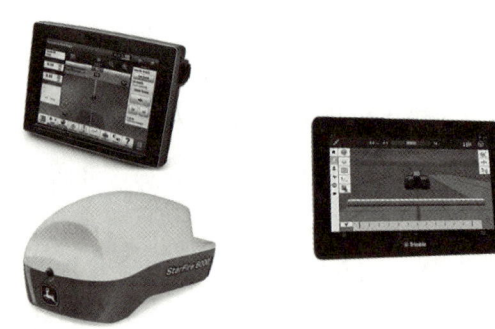
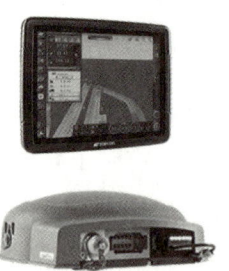

图3-1 进口农机品牌导航自动驾驶系统

（二）技术突破与市场推广

2012年，华南农业大学和福田雷沃重工股份有限公司（潍柴雷沃智慧农业科技股份有限公司）签订了战略合作协议，联合推进农机导航自动驾驶技术产业化工作，2015年3月开始在我国新疆地区进行棉花播种小批量作业验证，采用的单天线GNSS（全球导航卫星系统）和IMU（惯性测量单元）融合定位定向技术路线。

2015年北京农业智能装备技术研究中心和联适导航公司合作的农机导航自动驾驶产品也开始市场小范围推广，采用双天线GNSS定位定向技术路线。这标志着我国具有自主知识产权的农机导航自动驾驶系统首次走向市场，一定程度上打破了国外技术和产品的垄断。

2016年开始，我国自主知识产权的农机导航自动驾驶产品开始进入成熟和发展期，通过2015年的作业应用积累，满足了市场作业精度要求，且可靠性较好。发展至今，短短6年时间，我国农机导航自动驾驶系统自主品牌超过10家，在与国外产品性能相当的前提条件下，由于性价比竞争优势明显，已经取得了国内市场绝对的占有率。

2020年，我国农机导航自动驾驶系统进入了发展的高峰期，市场销售总量突破3万套，其中国外品牌占比约4.29%，市场终端销售均价也从2015年的8万元下降到2020年的3万元左右。产业利润下滑严重，进入红海区，对行业提质发展带来一定影响。

从2017年以来，农机导航自动驾驶系统历年销售数据见表3-1所列（参考补贴数据）。

表 3-1　农机导航自动驾驶系统销售数据

品牌	2017年/套	2018年/套	2019年/套	2020年/套
国产	756	2401	4861	29118
国外	2142	955	1109	1346
国外占比	73.92%	28.46%	18.58%	4.29%
合计	2898	3356	5970	31347

（三）应用工况与效益分析

得益于厘米级的定位精度（1厘米）和控制精度(2.5厘米)，农机导航自动驾驶系统在我国农业生产活动中获得高度认可，应用广泛。黑龙江作为我国首个引入农机导航自动驾驶系统的省份，技术推广早，市场和用户认知度较高。农机导航自动驾驶系统逐步在新疆棉花种植环节获得大面积应用，且发展势头迅猛，至今已覆盖了我国16个省或自治区，在旱田和水田的耕整、种植、管理和收获环节均发挥了较大作用（如图3-2）。各区域主要作用工况见表3-2所列。

旋耕作业　　　　　　　打浆作业　　　　　　　播种作业

插秧作业　　　　　　　　　　　收获作业

图 3-2　农业导航自动驾驶系统作业工况

表 3-2　农机导航自动驾驶系统作业工况

区域	省区	主要工况
西北	新疆	棉花、小麦、玉米播种，番茄覆膜，植保作业，对角耙地
西北	甘肃	起垄、小麦、玉米播种
西北	青海	起垄、小麦、玉米播种
西北	陕西	马铃薯起垄及播种作业
东北	黑龙江	耕整地、玉米起垄、大豆播种、开沟作业、水稻插秧
东北	吉林	耕整地、玉米起垄、大豆播种、开沟作业
东北	辽宁	耕整地、玉米起垄、开沟作业
东北	内蒙古	马铃薯起垄与播种作业、甜菜起垄作业、玉米起垄、大豆播种

续表

区域	省区	主要工况
中原	山东	大葱、马铃薯、胡萝卜、大蒜等起垄作业，小麦、玉米播种
	河北	山药开沟作业、马铃薯起垄与播种作业、小麦、玉米播种作业
	河南	起垄作业，小麦、玉米、高粱播种作业
	江苏	水田开沟作与筑梗作业、水稻插秧、玉米播种
	安徽	小麦、玉米播种，起垄作业
南方	湖北	开沟作业、起垄作业、播种作业
	江西	水田开沟、筑梗作业
	广西	甘蔗起垄作业

农机导航自动驾驶系统在提高作业质量和效率、提高土地利用率、提高机车利用率和降低劳动强度等方面具有明显的优势，据测算土地利用率可提高 1%～2%，机车作业效率提高超过 15%，经济效益和社会效益明显，具体分析见表 3-3 所列。

表 3-3　农机导航自动驾驶系统效益分析

农机效益	提高作业精度	直线精度 ±2.5cm，接行精度 ±2.5cm，提高农机作业质量，作业价格提升 10% 以上
	降低机手要求	降低机手准入门槛，解决农忙季专业机手紧缺问题，减轻机手劳动强度，节约机手薪酬支出 20% 以上
	提高机车利用率	不受光线、昼夜的限制，速度快，适时播种、缩短农时，作业效率至少提高 20%，农机户作业收入提升 20%～30%
	减少成本支出	标准化、数字化作业，避免重复、遗漏作业，成本节约 10% 以上
	提升机收合格率	农作物种植符合机收标准，机收合格率提升 2%～3%
	强化农机管理	实时查看农机作业状态及作业亩数，系统自动生成作业信息表

续表

种植效益	提高土地利用率	高精度作业，减少土地浪费，使土地利用率提高1%~2%
	提升作物产量	农作物合理密植，增强疏风、透光、抗倒伏能力，产量提高3%以上
	提升作物质量	实现农机农艺结合，确保农作物符合机收标准，机收合格率提升2%~3%，卖相好，销售价格提升3%
	节约水肥	标准化的垄距、提高农作物抗旱、抗涝能力，节约水肥2%以上
	降低管理成本	标准化种植，降低田间植保、除草、施肥、灌溉等管理费用2%以上
社会效益	解放劳动力	加快农业全程机械化进程，解放农村劳动力
	降低农业风险	提高农作物机收率及机收效率，适时作业并缩短农时，降低农业风险
	加快精准农业	打破农业发展瓶颈，农机趋向于智能化，加快精准农业发展
	提升农产品质量	降低化肥、农药使用，减少污染保护环境，提升农产品质量
	提升土地利用率	提升土地利用率，节约农资投入、降低劳动投入
	增产增收	农业精准化，实现产收双增长。

（四）存在的问题

我国农机导航自动驾驶技术自2015年产业化至今，产业周期从起步发展到高峰：我国北斗系统的建设与市场化应用，带动了相关产业链的发展和壮大，核心部件逐步国产化（如高精度定位板卡）。在取得不俗成绩的同时，也产生了一些发展弊端，主要体现在如下几个方面。

（1）专业企业市场模式改变，更关注上市或风险投资，侧重于销量指标。行业陷入低价格战，利润空间急剧压缩，一定程度上降成本压力大于技术革新诉求，影响行业长远健康发展。

（2）坡地、松软、湿滑等复杂工况适应性有待验证和提升。此种工况在黑龙江、陕西和内蒙古等区域比较常见，对系统性能要求较高。

（3）高精度定位所依赖的RTK（实时动态载波相位差分技术）差分信号

以单基站或地基增强为主，星基增强还在研究阶段，RTK信号质量和覆盖度存在一定不足。

（4）产品和技术侧重于高精度定位、路径规划和轨迹跟踪控制方面，与农业大数据结合不足，与农艺结合不足。

（五）发展趋势

农机导航自动驾驶技术目前已完成了有人参与的辅助驾驶的产业化应用，随着我国劳动力人口缩减，农业生产规模化调整，农机导航自动驾驶技术呈现以下发展趋势。

（1）进一步强化单机智能，提升无人化作业能力。由于国内农机装备长期处于低价格、低利润和较低技术含量的情况，农机装备以机械化为主，自动控制水平较低，一定程度上限制了农机装备无人化技术发展。"十四五"期间，要加速推进我国农机装备自动化水平，重要的是政策和市场的引导，要鼓励创新，保护创新。

（2）农机农艺结合，基于农业大数据，从自动驾驶向自主、精准作业发展，确保节本增收、绿色和可持续发展。农业大数据包括了各种农情数据，如土壤营养成分、农作物长势、病虫草害、区域产量分布等，通过农业大数据，为农业活动提供精准决策、控制和执行的依据。

二、关键核心技术

农机导航自动驾驶关键技术围绕高精度定位、多模式路径规划、轨迹跟随控制、环境感知技术、精准作业控制技术，其中精准作业控制技术依赖于农机农艺的融合，是后续研发的重点。

（一）高精度定位技术

农业活动部分应用场景具有地头多树木遮挡、坡度大、土壤松软等复杂工况，并且定位天线安装在车顶，离地较高，对车辆定位精度带来一定影响。为了兼顾产业化应用诉求，需要基于RTK卫星定位和低成本MEMS（微电子机械系统）惯性传感，通过优化卡尔曼滤波融合定位、定向算法，实现连续、精准和稳定的农机位姿估计和地形补偿,从而达到定位精度达到1厘米的要求。

(二) 多模式路径规划

农业活动涵盖耕整、种植、管理和收获等环节,每一个环节作业设备、作业模式和作业机具等都有差异,并且不同地块上移动作业平台在地头的调头空间也不一样,这将导致多种自动驾驶路径规划方式,比如犁耕作业的"鱼尾式"地头路径规划、收获的"回"或者"套圈"或者"复合型"路径规划等(如图3-3)。路径规划方式要与实际作业需求结合,与工况结合,才能有利于提高作业效率、减少对土壤的碾压。

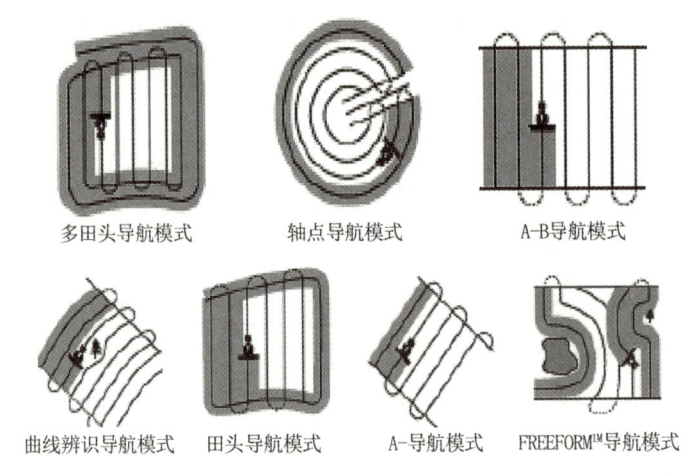

图 3-3 作业路径规划模式

(三) 轨迹跟随控制技术

农业作业要求精度较高,尤其是播种作业,要求轨迹精度达2.5厘米,对农机导航自动驾驶系统提出了较高的要求。一般来说,在相对平整和硬实的旱田作业时,轨迹跟随控制精度较容易保证;但在松软、大坡度地面和湿滑的水田工作时,高精度轨迹跟随控制难度较大。这就需要在高精度定位的基础上,研究不同地况对车辆运动的影响,优化轨迹跟随控制算法,通过坡地转向补偿等方法确保控制精度。

在东北、内蒙古、陕北等地区,坡地作业较为常见,一般坡度从3°~15°不等。坡地对农机导航的要求较高,在有坡度的情况下要求导航控制精度仍然保持在2.5厘米以内。这就需要科研人员研究适应坡地工况的导航控制算法。图 3-4 为陕西榆林靖边县某农田坡地实物图。

图 3-4　坡地作业

（四）环境感知技术

一方面，农业环境变化多样，给感知和识别带来一定难度，这体现在如下情景中：作业场景里的障碍物自然生长，没有明显结构化特征；不同区域同一种物体颜色或形态存在差异；作业过程中粉尘多，尤其是小麦收获作业，极端情况下作业车辆淹没在一片粉尘中，影响雷达和摄像头传感；有些障碍物在高秆茎作物后面，对环境感知带来困难。

另一方面，农田作业场景相对封闭，障碍物相对少，基于农田高精度地图构建和高精度卫星定位技术基本可以完成正常作业工作，弱化了对感知的要求。

（五）精准作业控制技术

不同于道路车辆自动驾驶系统，农机导航自动驾驶系统在自动驾驶的时候需要完成作业工作，如犁耕、播种、植保、收获等。如何高效、精准、高质量完成作业，需要将农业大数据和农艺知识融合，并导入自动驾驶系统，实现按需、变量作业。这一方面有利于节本增效，另一方面有利于绿色可持续发展。精准作业控制技术涉及车辆底盘工作部件的自动控制技术、作业质量监控和自动优化技术、作业处方图技术等。

农机的变量精准作业需要处方地图作为指导,来告诉农机它所处的位置及作业用量的要求。制作处方地图需要对地块详细分析,绘制地力地图,并按地力条件划分为若干区域,形成区块图,并在此基础上通过给不同区域赋予不同的投入量的方式,完成处方地图的制作,如图 3-5 所示。

区段控制是精准作业中执行部件的精准控制的体现,比如:喷药作业,在下方没有作物时,喷头自动关闭,可节约农药,做到精准施药;播种机可以控制播种行数,可有效保证播种作业地边或地头不重播不漏播,如图 3-6 所示。

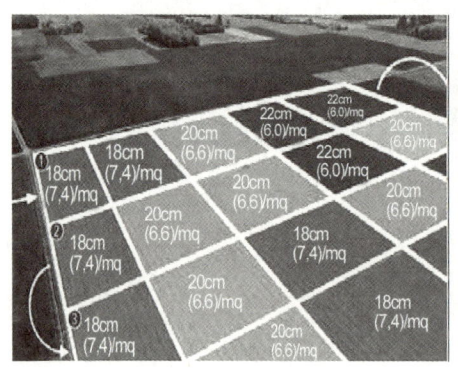
图 3-5　作业处方

图 3-6　区段控制

三、重大事件

(一) 推广应用

1. 2020 年智能农机装备田间日活动暨农机化新技术培训班

农业农村部农业机械试验鉴定总站、农业机械化技术开发推广总站在河北赵县举办了"2020 年智能农机装备田间日活动暨农机化新技术培训班"。来自 13 个省(区、市)的农机部门代表和当地农机合作社及农民代表等共计 300 余人享受了一场无人化智能农业新技术、新装备的科技盛宴。

此次活动主题是"智能农机无人农业",共有 13 个集成模式、23 家农机企业、70 多台套机具和众多智能装备进行了现场作业演示,展现了国内农机智能化、作业精准化、操作少人化的创新研发能力和制造水平，是智能农机装备和智慧农业技术在"三夏"生产中应用的首次集中亮相。

中国工程院院士、华南农业大学教授罗锡文，中国工程院院士、国家农业智能装备工程技术研究中心主任赵春江等专家在田间作业现场为学员进行授课和互动答疑。活动现场还演示了农用无人机农田植保、播种、测绘作业，以及蔬菜移栽、红薯移栽等经济作物生产机械化技术与装备；围绕农机深松作业质量检测、免耕播种作业质量检测等试验检测项目对农业机械的安全性、适用性、可靠性判定流程进行了一场农机鉴定推广实地示范教学。

2. 北大荒建三江 - 碧桂园农业无人化农场项目

2020年10月，来自国内外的17家头部智能农机生产企业、44台（件）农机设备，分别演示了无人农机收割运粮协同作业，无人化水田筑埂、搅浆、插秧、旱直播、飞防、秋翻地、旋地，以及无人化旱田灭茬、翻、耙、起垄、播种、喷药等20多项无人农机作业，涵盖主要作物从春到秋全周期作业过程。罗锡文表示：黑龙江省北大荒农垦集团总公司建三江分公司和碧桂园农业联合组织实施的这个无人化农场试验示范项目，是目前国内外针对主粮作物的规模最大、参加试验示范的农机设备最多、作业环节项目最全、无人化技术最先进、农机田间作业无人化程度最高的一个无人化农场项目，也是迄今为止全球首个超万亩的无人化农场试验示范项目，项目将带动中国现代化大农业加速发展，为中国农业转型升级、实现高质量发展注入强大动力，将在我国现代农业科技发展进程中具有里程碑式的重要意义。

（二）融资

1. 广州极飞科技股份有限公司（以下简称"极飞科技"）

2020年11月，极飞科技宣布完成新一轮12亿元融资，由百度（中国）有限公司（以下简称"百度"）资本和软银愿景基金二期领投，创新工场（北京）企业管理股份有限公司、越秀产业基金和广州新兴基金跟投，原有投资人成为资本也继续追投，华兴资本控股有限公司担任独家财务顾问。极飞科技创始人彭斌表示，极飞科技将借助这次融资，扩大研发和制造优势，提升渠道服务能力，加速建设数字农业基础设施，开发更多智能农业装备，全面打造极飞"无人化农场"，提高农业生产效率，保障国家粮食安全。

2. 丰疆智能软件科技（南京）有限公司（以下简称"丰疆智能"）

2020年12月，丰疆智能获得深圳腾讯计算机系统有限公司（以下简称"腾讯"）数亿元A1轮融资，本轮融资将用于核心技术和产品研发、商业化落地。投资方代表余海洋表示：腾讯一直以来关注前沿科技的发展和科技提升产业效率的机会。在农林牧渔行业机械化、智能化的大趋势下，我们相信丰疆智能过硬的技术实力和清晰的使命感将驱使丰疆智能始终围绕用户价值进行产品落地，通过先进科技创新，减少生产资源浪费，切实提高产业的经济效益。

（三）重大并购

2020年12月1日，潍柴动力股份有限公司（以下简称"潍柴集团"）与雷沃重工股份有限公司（以下简称"雷沃重工"）签署战略合作协议，12月29日完成交割，潍柴集团完成了对雷沃重工的战略重组。根据协议，潍柴集团持有雷沃重工60%的股权，潍柴集团成为雷沃重工的控股股东。双方合作对推动我国加速农业现代化具有战略意义，契合国家发展战略要求。

雷沃重工是中国农业装备品牌的龙头企业之一，也是国内唯一能够为现代农业提供全程机械化整体解决方案的自主品牌。收割机械、拖拉机等业务连续近20年保持全国领先。在国内建立了超过1000家专业的分销和服务体系，市场与品牌优势显著。潍柴集团是一家国际化跨国集团。在全球拥有动力系统、商用车业务、工程机械、智能物流、海洋交通装备等五大业务板块，尤其是动力总成核心技术业务已全面实现跨越引领。双方重组完成后，潍柴集团正式迈入了农业机械装备制造领域，承担起了农业机械装备迈向现代化的重任。下一步，潍柴集团将依托自身高端非道路全系列发动机、CVT（无线变速器）动力总成和液压动力总成等核心产业资源，为雷沃重工和全行业装上高效可靠的动力"心"，补齐动力总成缺失的短板。同时潍柴集团也将发挥自身在电控、新能源、无人驾驶等新科技领域的优势，与雷沃重工进行高效协同，为推动农业装备智能化、打造智慧农业建立核心竞争力。

四、主要技术团队

（一）华南农业大学

华南农业大学是全国重点大学，广东省高水平大学重点建设高校。2004年，华南农业大学在我国率先开展了基于卫星定位的农业机械导航及自动作业技术的系统研究，突破了导航定位、路径跟踪、电液转向、线控换挡、线控油门、机具操控、自动避障，主从导航、车载终端和系统集成等关键技术，打破了国外对我国农机导航技术的垄断。技术团队由罗锡文领衔，成员以教授、博士和硕士为主，团队坚持理论结合实际，为我国农机装备导航自动驾驶关键技术突破和产业化落地做出了重要贡献。技术团队的农机导航自动驾驶方面相关成果包括：获授权发明专利12件、实用新型专利1件、已发表学术论文62篇（SCI/EI收录35篇）；培养博士9人和硕士10人，其中1人获2008年全国优秀博士学位论文奖；先后获得国家技术发明奖二等奖，中国机械工业科技进步奖一等奖等重要奖项。

（二）北京农业智能装备技术研究中心

国家农业智能装备工程技术研究中心建有"农机北斗导航与智能测控北京市工程实验室"和"农机北斗导航与智能测控国家地方联合工程实验室"。中心精准农业技术创新团队现有成员51人，其中高级职称12人、博士10人，是一支知识结构合理、充满创新活力的精准农业智能装备技术研发团队。

近年来，团队先后承担了国家"863"计划、国家科技支撑计划、国家自然科学基金、国家重点研发计划项目、农业农村部"948"重点项目等国家级省部级重点科研项目任务30余项，发表学术论文100多篇，出版专著5部，获得专利授权80多项（发明专利25项）、软件著作权105项，先后获得国家科技进步二等奖、神农中华农业科技奖一等奖、农业农村部中华农业优秀科技创新团队、北京市科技进步一等奖、科技部首届农业科技创新创业大赛奖、中国卫星导航定位协会卫星导航定位科技进步奖等多个奖项；"基于北斗的农机自动导航与作业精准测控关键技术"入选2020年世界智能制造十大科技进展，成为该评选创办以来首个入选的农机领域的成果。

团队围绕精准农业智能农机装备、农机北斗导航与智能测控、农机物联网、农业生产数字化管理决策与服务等方向开展了大量研究，形成农机北斗导航及自动驾驶系统、农机深松作业补贴监管系统、激光平地机、变量施肥机、农机作业远程监控系统、播种施肥监视系统、联合收获机智能测产系统、农机作业工况智能监测系统和"智慧农场"精准农业集成应用平台等一批实用化技术成果，在国内外该领域形成了重要影响力。

（三）潍柴雷沃智慧农业科技股份有限公司

潍柴雷沃智慧农业科技股份有限公司（以下简称"潍柴雷沃智慧农业"）是中国农业装备品牌的龙头企业之一，也是国内唯一能够为现代农业提供全程机械化整体解决方案的自主品牌。2012年，福田雷沃重工股份有限公司（现潍柴雷沃智慧农业科技股份有限公司）与华南农业大学签订战略合作协议，双方优势互补，深度融合农业装备底盘线控技术和导航自动驾驶技术，有效推进农机导航自动驾驶技术研发和产业化落地。双方搭建了一支由院士领衔、教授和博士为主力的高素质研发团队。2012年8月，推出国内第一款无人驾驶拖拉机，在新疆石河子进行作业演示；2015年3月，具有自主知识产权的国内首套单天线卫星定位的农机导航自动驾驶系统AGCS-I推向市场；2016年10月，中国国际农业机械展览会上联合"三国六方"发布了智慧农业解决方案"iFarming"；2018年，推出无人驾驶轮式收获机和自走式高地隙喷雾机；2019年，推出无人驾驶履带收获机和运粮车，搭建了覆盖旱田和水田的耕整、种植、田间管理、收获四个环节无人化解决方案，先后获得《新闻联播》《经济半小时》《开讲了》等报道。

潍柴雷沃智慧农业科技股份有限公司是"国家高新技术企业""国家技术创新示范企业""国家制造业单项冠军示范企业"，建有十余个国家和省级重要科研创新平台，是农业农村部认定的首批国家农业科技创新联盟——"国家谷物收获机械科技创新联盟"，是中国科协办公厅认定的首批科创中国创新基地——"智能农机装备产学研协作创新基地"，也是农机装备行业唯一的"国家级工业设计中心"。近五年，它获得国家科技进步二等奖、农业部神农中华农业科技一等奖、中国机械工业科学技术一等奖、中国农业机械科学技术一等奖等省部级奖项28项。

（四）上海联适导航技术股份有限公司

上海联适导航技术股份有限公司成立于2015年，先后被立为上海市青浦区高新技术研发中心、上海市青浦区企业技术中心，现拥有40余人的研发团队，成员多数为本科以上学历，大部分员工有着丰富的实践经验，具有强大的产品开发能力。上海联适导航技术股份有限公司研发团队立足卫星导航，核心技术涉及RTK技术、GNSS算法、多模多频GNSS板卡技术、CORS、无线电数据通信、移动互联网通信、姿态测量、惯性组合导航、视觉导航、液压控制、电机控制、WEB GIS、大数据、云服务、AI、无人驾驶等方面，为精准农业、智能交通、机械控制、形变监测、地理信息等多个领域提供了北斗高精度导航定位系统解决方案。2016年推出的"自动驾驶AF200"是我国大量应用的第一款全自主知识产权的双天线农机自动驾驶系统。2018年以来，产品连续多年行业销量第一，得到了广大用户的肯定。公司获授权发明专利10项、实用新型专利24项、外观专利4项、软件著作权50项、国家标准1项，荣获"2019年度上海市高新技术成果转化项目自主创新十强"称号。近年来，该公司承担了国家、上海市、青浦区科研项目，包括"国家重点研发计划'智能农机装备'重点专项""上海市军民融合专项""上海市'科技创新行动计划'高新技术领域""上海市信息化发展专项资金""上海市高新技术成果转化""青浦区产学研合作发展资金""青浦区科研专项"等共16项。

（五）上海华测导航技术股份有限公司

上海华测导航技术股份有限公司于2013年成立农机自动驾驶研发团队，开始着手自主农机自动驾驶系统的开发，2014年，发布了国内首款拥有自主知识产权的农机自动驾驶系统领航员NX100，打破了进口农机自动驾驶系统的垄断；随后陆续推出多款领航员系列自动驾驶系统，包括单天线系统、双天线系统、液压控制系统和电动方向盘控制系统等多种模式。同时，该公司打通了自动驾驶系统与农机之间的壁垒，实现了系统对农机发动机、变速箱、油门、电液悬挂等的控制，实现了农机无人驾驶。团队现有硕士及以上学历的研发人员 46 人，并依托 400 余人的基础平台研发队伍，严格执行国际先进的研发流程，深入研发精准农业相关技术、产品及解决方案。在做到当前产品领先市场的同时，积极布局未来无人农场和智慧农场。其研发内容涵盖卫星定位、组合导航、自动控制、视觉识别、雷达、大数据等多个领域，现已获得相关专利 53 项，软件著作权 28 项。

（六）北京合众思壮科技股份有限公司

北京合众思壮科技股份有限公司（以下简称"合众思壮"），成立于 1994 年，2010 年在深圳证券交易所上市。通过资源整合，合众思壮将自身打造成为一家集高精度 GNSS OEM 板卡、测量天线、电台通信、智能驾考、测量测绘、北斗农业自动驾驶、工程机械控制、警务公安、机场定位、短报文等全方位、全产业链的北斗/GNSS 应用及解决方案的提供商。

合众思壮也是将北斗高精度应用于农业领域的开拓者。自 2008 年以来，合众思壮一直在从事农业自动驾驶的相关应用研究及产品推广。凭借自身在精准农业产业领域的能力及优势，由合众思壮独立自主研发的"慧农"北斗导航农机自动驾驶系统于 2016 年 4 月 28 日在北京通过了中国卫星导航定位协会组织的、由多名院士及行业专家团队参与的产品鉴定会，并获得了当年的卫星导航定位科技进步特等奖。2018 年它收购加拿大上市公司 Ag-Junction 精准农业业务，获得 Outback 品牌及相关技术专利。公司荣获 2017 年农业机械科学技术二等奖、第八届中国卫星导航学术年会技术创新奖、2018 中国农用机械年度 TOP50+ 技术创新奖、2019 中国农机行业年度零部件金奖。

合众思壮积极开拓国内及海外市场，一方面成为世界 500 强农机企业凯斯纽荷兰（CHN 全球有限公司）、国内拖拉机巨头中国一拖集团有限公司、潍柴雷沃智慧农业科技股份有限公司等厂商的供货商，与德国克拉斯农机公司、美国爱科集团、日本三菱重工股份有限公司、日立建机株式会社、意大利赛迈·道依茨·法尔集团公司等农机公司开展合作；另一方面与"一带一路"倡议沿线国家开展合作，在俄罗斯、突尼斯、土耳其、埃及等国家推广北斗导航农业自动驾驶系统。从 2016 年开始，合众思壮与全国拖拉机标准化技术委员会、全国农业机械标准化技术委员会一起合作，致力于卫星导航在农业上的应用推广，积极参与多项国家标准的起草和修订、ISO 标准转换及修订等工作。

（七）黑龙江惠达科技发展有限公司

黑龙江惠达科技发展有限公司创立于 2009 年，隶属于哈尔滨工业大学工业研究院，由哈尔滨工业大学及多名哈尔滨工业大学教授共同创建，是国内较早做农机作业探测的厂家。十多年来，该公司专注于将互联网技术与智慧农业相结合，通过信息技术的手段提高农业生产效率和管理水平，是国内领先的农机信息化解决方案提供商。

黑龙江惠达科技发展有限公司组建了一支 137 人的研发和测试团队，核心研发成员全部研究生及以上学历，致力于智能终端系统、农机工作质量监测传感器、秸秆还田监测、农机物联网、基于北斗及 GPS 双模的精准导航、无人驾驶、基于导航轨迹的精确面积计算、移动互联网的信息安全等技术研发。2016 年年底，黑龙江惠达科技发展有限公司启动了农机导航技术开发。2017—2018 年，双天线 + 液压、软硬件全自研的样机在全国各地测试。2019 年，双天线 + 液压的导航方案在新疆大规模商用，支持直线作业；同时启动单天线、电机的研发。2020 年，单天线 + 电机 / 液压双方案在全国大规模商用，支持前轮转向、后轮转向、四轮转向，支持腰节式、履带式等多种农机类型，支持直线、曲线、对行耙地等多种作业类型。

（八）丰疆智能科技股份有限公司

丰疆智能科技股份有限公司（以下简称"丰疆智能"）成立于 2017 年 12 月，是一家聚焦人工智能与先进制造，围绕农业与工业领域进行智能化创新开发的高科技企业。公司拥有大批经验丰富，具有中高级职称的专业技术人员，研发方向涉及数据网络设计、物联网、人工智能算法、大数据分析、信息技术开发、计算机自动控制、机电控制、农艺、农机智能化等众多现代高科技领域。

丰疆智能掌握数据算法、人工智能与物联网等数字化科技核心技术，具有独立研发、独立产业化运营与落地能力，在农机智能化升级、物联网和机器人等技术领域已取得众多成就。

五、标准化情况

随着我国农机导航自动驾驶系统技术逐步发展，市场应用日趋广泛，如何规范技术和产品研发、试验测试、生产和制造等工作，保证技术的可靠性和安全性，已成为行业急需解决的问题。2017年开始，在全国农业机械标准化技术委员会农业电子分技术委员会组织下，中国农业机械化科学研究院、中国农业大学、华南农业大学、潍柴雷沃智慧农业、中国一拖集团有限公司等相关科研院所参与，完成了部分标准的制定工作，目前还在不断梳理和更新中。已完成的相关标准见表3-4所列。

表3-4 农机导航自动驾驶已发布的相关标准

分类	标准号	标准名称
通用要求	GB/T 37164—2018	自走式农业机械导航系统作业性能要求及评价方法
通用要求	T/NJ1138—2018	拖拉机 自动辅助驾驶系统通用技术条件
安全	GB/T 39521—2020	农业拖拉机和机械 拖拉机和自走式机械的自动导航系统 安全要求
试验测试要求	GB/T 39517.1—2020	农林拖拉机和机械 农用定位与导航系统测试规程 第1部分：卫星定位装置的动态测试
试验测试要求	GB/T 39517.2—2020	农林拖拉机和机械 农用定位与导航系统测试规程 第2部分：在直线和水平运行状态下卫星自动导航系统的测试
试验测试要求	T/NJ1123—2018	拖拉机 自动辅助驾驶系统导航精度要求和试验方法
试验测试要求	T/NJ1139—2018	拖拉机 自动辅助驾驶系统 性能试验方法
试验测试要求	T/CAAMM 13—2018	农业机械卫星导航自动驾驶系统前装通用技术条件

六、行业发展建议

（一）政策引导，促进技术发展

我国从 2004 年开始实施农机购置补贴政策，支持和引导了我国农业机械化全程全面高质高效发展。为进一步推动科技创新，加快农机装备技术转型升级，建议通过补贴政策，强化技术和性能导向，即通过对技术或产品分级，实行差异化补贴标准，从而促进行业不断技术升级，良性发展。

（二）鼓励"卡脖子"技术攻关并给予政策支持，强化产业化考核指标

目前，农机导航自动驾驶技术在关键算法（如高精度融合定位、路径规划和跟踪控制等）上已经取得突破，系统集成和产业化落地也成果斐然，但核心元器件依然依赖进口，比如 IMU（惯性测量单元）、MCU（微控制单元）等高性能 IC（集成电路），制约了行业更好更健康地发展。面对当前国际技术封锁的形势，有必要进行"卡脖子"技术攻关，并给予相关机构充分的资金、环境支持。与此同时，要强化产业化考核，以落地和推广为主要评价指标，弱化论文要求，避免过度宣传。

（三）人才政策，鼓励更多人才进入农业行业

当前依然存在农业相关专业的大学毕业生不愿意进入农业行业工作的情况，这是因为：一方面农业活动相对艰苦，尤其是农机装备试验现场条件相对恶劣；另一方面，农业行业从业人员待遇水平相对偏低，这与行业利润率较低有一定关系。需要加强农业现代化、智能化引导，并制定相应的从业政策，吸引更多人才流向农业行业，促进行业高质量发展。

（四）鼓励高标准农田建设和无人化改造

农机导航自动驾驶落地强调单机智能和农艺结合，同时，高标准农业建设和无人化改造将有效促进设备与作业融合，提高作业效率和质量，加快技术落地进程。高标准农田建设和无人化改造包括碎片化田块整合连片（小变大）、推进田块结构化改造（弯变直、高低变平整）、转移路径设置、通信设施建设、自动化补给设施建设等。无人化改造还体现在标准化种植方面，如统一种植行距、株距等。

（五）自动驾驶与机场作业融合应用

《关于促进机场新技术应用的指导意见》提出在新技术试点阶段，保持一定安全的前提下，建立审慎包容机制，并对新技术加以宣传推广。

建议以工业和信息化部安全生产司开展工业领域自动驾驶和安全生产融合应用要素研究任务为契机，抓紧部署机场无人物流的课题研究，为相关机场及自动驾驶企业合作提供理论保障及可信性参考规范。建议民航局主管相关研究机构和重点实验室开展自动驾驶与机场作业融合应用方向研究，对关键技术、实施风险、部署措施开展针对性研究，为技术推广提供信息支撑。

第四章　自动驾驶在工矿领域的商业化应用

　　自动驾驶在工矿领域的商业化重点集中在矿山无人运输这一方面。国家发展和改革委员会等八部委在 2020 年联合发布的《关于加快煤矿智能化发展的指导意见》提出：到 2035 年，各类煤矿基本实现智能化，构建多产业链、多系统集成的煤矿智能化系统，建成智能感知、智能决策、自动执行的煤矿智能化体系。中共中央、国务院在 2021 年印发了《国家综合立体交通网规划纲要》，提出加强智能化载运工具和关键专用装备研发，推进智能网联汽车（智能汽车、自动驾驶、车路协同）应用。

　　矿山作业场景的基本生产作业流程可分为"钻、爆、采、运、排"。依据"采、运、排"，将矿山自动驾驶应用作业场景划分为装载、运输和卸载三个作业场景。此外，矿卡还存在其他任务，如加油补水、维修保养等，用以支撑矿山作业。从智能网联自动驾驶的应用角度出发，则需要矿用卡车实现远程遥控驾驶、矿用卡车与其他工程机械之间协同作业、矿用卡车行驶路径规划等应用，支撑自动驾驶的安全运行。

　　矿山无人运输这一特殊场景为无人驾驶商业化落地提供了优越的条件，可解决矿区用工荒、效率低的痛点。目前，无人驾驶已在矿山无人运输中实现部分商业化应用。

一、典型案例

（一）白云鄂博露天金属矿

包钢（集团）白云鄂博矿区作为全球最大稀土矿矿区，迫切需要解决矿业发展中遇到的矿区招工难、效率低、成本高、风险大等日益凸显的问题。自 2018 年 8 月开始，中国移动内蒙古分公司、踏歌智行科技有限公司（以下简称"踏歌智行"）、华为技术有限公司（以下简称"华为"）等公司联合包钢集团，共同在白云鄂博铁矿实施 5G 智能矿山无人化运输建设，实现矿卡车辆的无人驾驶和采矿设备的无人操作，以及矿山生产运营、调度自动化管理。截至目前，矿区已实现 4 台无人驾驶矿用卡车和 2 台智能电铲的编组协同作业，作业场景如图 4-1 所示，未来将实现 19 台矿用卡车无人驾驶改造。

装载

行车

会车

卸载

图 4-1　电铲、矿卡的编组协同运行

在多家企业的共同努力下，通过 5G 智能矿区无人驾驶技术应用，构建露天铁矿矿石石方、铁矿原石运输作业集群，实现车辆远程操控、车辆融合定位、精准停靠、自主避障等功能，搭建远程智能调度监控平台，建设"5G+ 北斗"的车车 - 车网 - 车地的时空通信系统。

白云鄂博矿区的 5G 无人驾驶实现了多个"首次"：实现了全球首台在用卡车非线控无人化改造；实现了全球首个 5G+ 智能矿山无人化试运营；国内

首次实现多编组运营,实现整个矿坑无人运输;国内首次实现工程师下车、安全员出舱,安全性能进一步得到提升、验证;国内首次实现夜间作业(如图 4-2)并连续 72 小时跑车作业验证,系统稳定性、低故障率等性能得到验证。

无人驾驶

夜间作业

图 4-2　矿卡多车无人驾驶夜间编队作业

白云鄂博矿区 5G 无人驾驶有效提高了特殊环境下矿车的作业效率,最大程度减少现场作业人员数量,高度确保了人员安全,助力了矿山企业高质高效发展。

(二)鄂尔多斯永顺煤矿

2019 年 9 月,踏歌智行与国内矿山工程总承包龙头企业内蒙古中环协力矿业有限公司签订 200 台宽体自卸车无人驾驶项目合同,该项目是目前国内矿用车数量最大的矿区无人驾驶项目,双方已在鄂尔多斯永顺煤矿实现了 11 台宽体自卸车的无人化应用,在国内率先完成无人驾驶宽体自卸车夜间作业,打造了宽体自卸车无人运输系统样板工程。

宽体自卸车无人运输系统实现了混编作业,不仅实现有人和无人车辆共用道路运行,而且将有人和无人车辆纳入云控平台进行统一调度、集中管控,并基于车、地、云协同方案,形成多重防护的冗余管控措施,实现露天矿的安全运输作业(如图 4-3)。

图 4-3 全天候运输作业

(三) 大唐集团宝利露天煤矿实现 5G 赋能无人驾驶

2019 年，中国联通内蒙古分公司和中国联通网络技术研究院携手青岛慧拓智能机器有限公司、联通智网科技有限公司、华为技术有限公司签署框架合作协议，开展基于 5G 网络智能矿山无人矿车驾驶示范项目实施，并在内蒙古鄂尔多斯市达拉特旗大唐集团宝利露天煤矿开展落地实测。

大唐集团宝利露天煤矿主要验证 5G 和无人驾驶的功能及其可靠性，参与作业生产的系统包括远程驾驶、自动驾驶、机群管控，三个系统在不同阶段参与车辆行驶作业和装卸作业生产。远程驾驶车配备 5G 终端、高清摄像头、车载控制器，当作业生产需要远程驾驶系统时，远程驾驶系统主动向机群管控中心提出接管请求，机群管控中心通过 5G 网络实现远程控制。自动驾驶系统通过 V2X（车对外界的信息交换）、多种传感器信息融合计算和决策实现超视距融合感知，结合车辆自身的定位和地图信息进行决策规划，进行自主作业。机群管控中心将路侧感知的信息融合分析构建虚拟环境模型，预测系统运行状况，实现露天矿山挖掘机设备、运输设备的协同生产场景实时监控、调度作业和生产指挥。

（四）鄂尔多斯杭盖沟项目

2019 年，北京易控智驾科技有限公司在鄂尔多斯杭盖沟煤矿新购 4 台 65T 同力无人驾驶宽体车（如图 4-4），目前已实现封闭区域稳定运行。实现了宽体车"装、运、卸"全流程的无人驾驶模式作业。

图 4-4　易控智驾无人驾驶宽体车

二、经济效益和积极成果

（一）经济效益

无人驾驶技术可有效提升矿区运输作业效率，减少矿区因人为因素停工造成的损失，实现矿山运输转型升级，为我国矿山企业带来巨大经济效益。我国矿山资源丰富，市场巨大，其中有露天矿约 2 万座，其中大中型露天矿区 1000 多处。我国现有非公路用车超过 30 万辆，矿区无人运输运营整体市场规模超千亿级。采用无人驾驶运输系统可实现机器代人，每辆车每年在人工、效率和维护上可节约 90 万元。（数据来源：《能源发展"十三五"规划》《煤炭工业发展"十三五"规划》《煤矿安全生产"十三五"规划》《鄂尔多斯市煤炭工业发展"十三五"规划》。）

（1）市场前景：矿山是我国国民经济的重要原材料支撑，为推进智慧矿山建设步伐，我国印发了多项智慧矿山发展政策规划，如 2020 年 3 月 2 日，国家发展和改革委员会、国家能源局、应急部等 8 部委联合发布的《关于推进煤矿智能化发展的指导意见》。作为露天矿山开采作业的重要环节，露天矿运输的智能化发展是推动露天矿山智慧化建设的迫切需求。

（2）矿区需求：近年来，由于矿区驾驶环境恶劣（如图 4-5），县矿区易为安全事故高发区域，矿山工程机械司机招募难的问题随着经济发展和人民生活水平提高日益凸显。司机和后勤人员工资、保险等人力支出逐年增长，人员安保支出和安全事故损失给矿山经营带来了沉重负担，严重制约了我国矿区产业经济的发展。无人驾驶技术因其自主可控的运行特点，能够替代司机进行规范自动化作业；有利于降低工人工作强度，改善矿山生产安全条件，提高矿山企业生产效率，降低矿山生产成本，实现采运灵活配置、产能柔性调整，为智慧矿山建设提供支持。

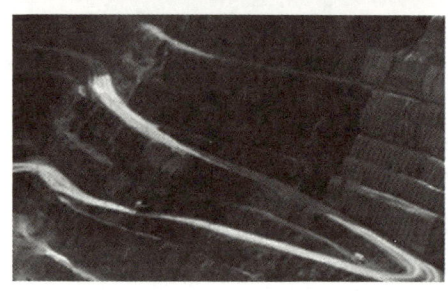 

图 4-5 矿区驾驶环境恶劣

（3）经济价值：矿山无人驾驶运输系统和硬件设备（包括卡车无人驾驶装置、智能路侧装备及车规级计算单元）可在矿区、港口和农场等特殊区域进行无人运输作业，可有效提升矿区运输作业效率，减少矿区因人为因素停工造成的损失，实现矿山运输转型升级，为我国矿山企业带来巨大经济效益。

（4）技术价值：基于无人驾驶运输技术研发的车规级计算单元，除应用于矿山无人驾驶卡车外，还可进一步推广用于L4级别及以上的无人驾驶汽车，可实现无人驾驶全景感知，实现地图和传感器融合定位、决策、规划、控制等功能。它适用于乘用车、商用车与特种车等多种应用场景。因为目前车载计算单元为英伟达、英特尔和特斯拉等国外厂商把持，所以本项目研发的车规级计算单元将打破国外企业垄断，实现从核心芯片到整机均自主可控，并在算力上实现技术引领。

（二）积极成果

传统采矿业矿区招工难、效率低、成本高、风险大等问题日益凸显，迫切需要引入矿山无人货运等新一代信息技术。

矿山无人驾驶运输可以实现少人化作业，大幅降低劳动强度、减少人员配置，提升人力资源效率，稳定生产流程和指标，优化主要技经指标，更重要的是保障人员安全。

矿山无人驾驶技术通过大量的智能设备和传感器采集生产运输数据，有利于开展大数据价值分析，助力提升生产效率和安全水平、智能优化生产调度，提升现场生产运行效率，对于矿山科学管理、规划设计、灾害预警与反演等具有重大现实意义。

矿山无人驾驶技术建设可以降低企业运营成本，提高企业竞争力，也为企业领导管理提供科学、准确的信息依据。

三、存在的问题

当前国内智慧矿山发展迅速，但在其应用及推广过程中，矿山运输存在以下几方面的问题。

（一）矿区无人驾驶配套技术、管理水平、基础设施滞后

我国矿山运营体制落后，痛点显著，智能化、无人化改革势在必行。矿区环境恶劣、作业方式落后、效率低，无人驾驶系统需与智能化开采技术、先进的矿区管理水平及网络通信设施等进行匹配，从而保证其正常运行。相比国外矿山，我国矿山的自动化、智能化开采技术相对落后。先进设备推广

力度不够，矿区网络、监控设施配套不全，这为我国智能开采设备的推广带来一定的困难。

（二）矿山对新技术的接受需要时间

由于种种条件的限制，矿山行业本身带有一定的保守性，对无人驾驶等新兴技术的接受需要一定时间。随着互联网、人工智能、大数据、区块链等新兴科技逐渐同传统行业相融合，并呈现出崭新的产业发展面貌，国内外以煤炭为主的采矿业开始在业内展露出对新思维、新理念的兴趣。智慧矿山的应用，有望改变这一现状。

（三）5G通信网络系统建设成本较高

无人驾驶技术需利用5G低延时、高速率的优势进行远程操作控制。从2019年开始，我国已开始利用5G进行无人驾驶应用，但是目前5G基站建设成本较高、覆盖区域小，几乎每100米就需要建设1个5G基站，这对于小型矿区无疑是笔巨大的费用。此外，矿区生产领域随着采矿工作面的拓展及延伸，需要通信网络及时覆盖新的工作面，且不受爆破震动、恶劣天气等影响，这对矿区通信建设及通信技术的要求也较高。

（四）无人驾驶核心技术突破的难度较大

无人驾驶是设备智能化的终极体现，它集中运用了工程机械、通信技术、人工智能及自动控制等技术，是典型的高新技术综合体。在整个生产过程中，生产调度管理员应尽可能减少干预无人驾驶设备的运行。矿山无人驾驶的技术难点，首先是矿区落石、扬尘等对传感器及感知算法产生的较大影响；其次是环境恶劣、矿车载重大，这种条件下，无人驾驶技术对矿车自身线控底盘和控制算法要求较高。

（五）各类无人驾驶产业资源分散不聚焦

目前，矿区无人驾驶发展的格局呈现出两种趋势：传统工程机械生产厂家更倾向于渐进式自动化，以渐进自动驾驶的方式逐步提升施工作业体验；新兴高科技公司以人工智能方式进入完全自动无人驾驶，是从传统工程机械的基础上直接跨越到无人驾驶。前者依靠的是长期积累的整车经验和在自动控制领域的核心优势；后者则是借由人工智能的大力发展，整合传感器、感知算法、计算平台等技术以实现跨越式的发展。在目前的发展技术水平下，这两种发展方式各有利弊。

四、矿山无人运输标准体系框架

矿山无人驾驶运输系统作为颠覆性技术是国际科技发展战略制高点之一，仅靠单车智能技术模式，其落地应用挑战巨大，必须采用"车端使能+路侧赋能"路车融合的系统智能技术模式，这也是未来发展的必要技术手段。同时，考虑矿山无人驾驶运输具备快速规模化的推广应用，需要相关法规和标准规范进行指导，而我国在工矿无人驾驶领域相关标准尚不完善，当前各个行业团体研究机构正在积极组织开展撰写相应的标准体系。

依据矿山无人运输车、路、管、云四大重点领域技术，从系统组成、建设运营两个维度构建矿山无人运输标准体系框架，其中在系统组成方面，矿山无人运输标准体系包括矿山无人运输总体、智能车端、智能路侧、云智能平台、多模式通信五个部分。在矿山无人运输建设运营方面，标准体系包括建设与施工、工程验收、运营管理、安全运维四个部分，矿山无人运输标准体系框架如图4-6所示。

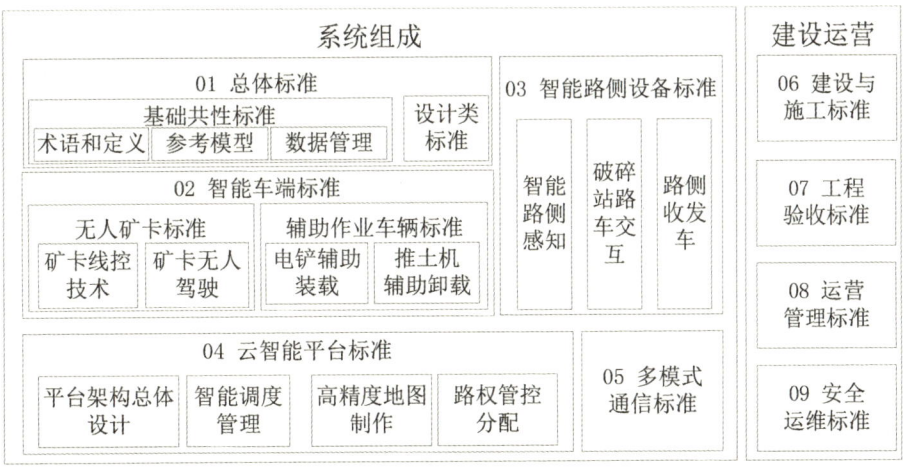

图4-6 矿山无人运输标准体系框架

五、主要骨干企业

（一）北京踏歌智行科技有限公司

踏歌智行是源于北京航空航天大学的高科技公司，其团队依托特种车辆无人运输技术工业和信息化部重点实验室，在路车信息融合和信息安全领域积累了雄厚的科研条件；拥有基于深度学习的图像识别平台和无人驾驶车载感知平台；拥有成熟的无人驾驶感知及控制系统硬软件集成方案、多车协同避让及通行等控制方案、云端编组调度及车辆动态优化调度系统；具备自主研发的多控制方案无人驾驶车辆平台及在用矿区云端监控平台，采用 V2X 技术完成了车铲协同作业、车寻铲动态路径规划、行车路权动态分配，以及多车装卸载排队协同等作业；在国际上率先完成基于 5G 的无人驾驶运输系统，并进行了编组自动运行及工程应用，相关技术成果获得 2020 年中国汽车工业科学技术奖发明一等奖。

该公司注重高科技人才的培养，于 2020 年先后获得国家重点研发计划课题和北京市重点研计划课题，同年又获批全国博士后科研工作站，具备了高等人才培养的能力。可为社会提供无人驾驶相关行业的高科技人才。

（二）慧拓智能公司

慧拓智能公司是中国矿区无人化解决方案提供商之一。其以世界首创的平行驾驶技术为支撑，研发了以云智能调度与管理系统、矿车无人驾驶系统、挖机协同作业管理系统等为代表的核心技术产品，打造智慧矿山无人化全栈式解决方案——"愚公 YUGONG"，该方案目前已应用于国内多个露天矿。

该公司推出智能产品的研发、设计、安装、技术服务和销售，智能机器及其相关产品和技术的进出口，车联网系统开发、集成和销售，数据采集装置研发、设计、技术服务和销售，智能网联系统工程服务、技术服务及其设备销售等服务。

（三）北京易控智驾科技有限公司

北京易控智驾科技有限公司（以下简称"易控智能"）成立于 2018 年 5 月，

是一家专注于矿用车无人驾驶技术的高新技术企业。公司的核心团队既有来自知名高校无人驾驶方向的硕博士，也有来自典型车企的高级智能车专家，还有来自露天矿设计研究机构的智慧矿山专家。团队具有丰富的矿用无人驾驶系统研发、矿用卡车调度监控平台开发等经验。目前，该公司与国内外众多露天矿企业及工程公司达成合作，并获得大型矿业能源集团的认可，致力于绿色矿山、智慧矿山建设。

六、重大融资事件

2020年10月30日，矿山无人驾驶领军人物踏歌智行完成了2亿元的B轮融资，是无人驾驶赛道上迄今为止最大的一笔融资，本轮融资由前海母基金和北京宝通集团投资有限公司共同领投，苏州清研资本管理企业、蓝焱私募企业投资基金管理（深圳）有限公司等跟投。踏歌智行继2019年连续完成三轮融资后，再创行业新高，在商业进展和融资步调上保持领先。

踏歌智行作为露天矿无人驾驶运输的头部企业，仅2019年就签订了超亿元商业合同。与包钢集团白云鄂博铁矿签订的矿用卡车无人驾驶合同已于今年10月完成第二阶段项目验收；与国家电投南露天煤矿的无人驾驶合同是国内首个公开招标的煤矿无人驾驶运输项目，并于2021年6月顺利完成交付验收；与内蒙古中环协力矿业有限公司的200台无人驾驶宽体车合同已交付，这些无人驾驶宽体车已进入3个作业编组，在内蒙古中环协力矿业有限公司的鄂尔多斯永顺煤矿实现24小时连续运营。现有客户对踏歌产品的系统性能和工程服务表示满意，POC（概念资本）项目向商业订单的转化率超80%，后续订单超过3亿元。

2020年3月5日，慧拓智能公司正式宣布完成过亿元A2轮融资，融资金额为1亿元，此次A2轮融资，由凯辉基金旗下汽车基金领投，海创母基金、上海方和投资中心及汉能创投集团跟投。

2020年7月易控智能完成数千万元Pre-A轮战略融资，投资方是闽西兴杭国有资产投资经营有限公司（简称"兴杭国投"）。

七、工矿领域自动驾驶核心技术

现阶段，智能采矿和服务技术主要包括无人采矿、自动化编组调度等技术。其中无人采矿使用的是基于 5G 通信息技术、环境感知技术、自动控制技术形成的矿用卡车无人驾驶装 - 运 - 卸生产作业模式。自动化编组调度技术是基于云端平台计算根据矿用卡车无人驾驶终端信息进行优化调度决策，实现矿用卡车无人驾驶多车编组协同作业，提高矿料生产运输的高效性和安全性。

（一）车端核心技术

1. 环境感知技术

由于矿区环境恶劣，多风沙、飞尘天气且光线较暗，对矿用卡车传感器感知性能及感知方法提出了更高的要求，需要在车载端选取合适的传感器组合进行信息融合感知，如基于视觉传感器与毫米波雷达主动融合实现露天矿区远距离小目标检测（如图 4-7）；基于视觉传感器和激光雷达主动融合，克服矿区不明显的非结构化道路特征和低照度、高曝光作业环境特征带来的可行驶区域检测难题（如图 4-8）。

（a）白天目标检测　　　　（b）夜晚目标检测

图 4-7　白天和夜晚视觉传感器目标检测

（a）视觉传感器可行驶区域识别　　（b）激光雷达可行驶区域检测

图 4-8　可行驶区域检测

2、自动控制技术

露天矿开采属于高危行业，减少作业人员的数量是有效遏制事故发生的重要手段之一。广泛使用自动控制技术的装备是实现减人的有效途径。当前，对于矿料生产运行的主要环节，已成功开发了包括采掘、运输、卸载、供电、排水、压风等多种自动控制装备系统，实现了记忆采矿、工作面少人作业、部分区域与设备的无人值守和地面远程控制。无人驾驶矿用卡车自动控制技术是基于矿用卡车机械运行原理，构建矿用卡车动力学模型，通过设计大型矿用卡车轨迹跟踪控制器，建立安全与效率一体化目标函数、地形与车辆动力学约束条件、运动状态预测模型，优化求解矿用卡车方向盘转角和踏板开度，并通过反馈校正实现矿用卡车无人驾驶轨迹稳定跟踪和精准停靠控制（如图4-9和图4-10）。

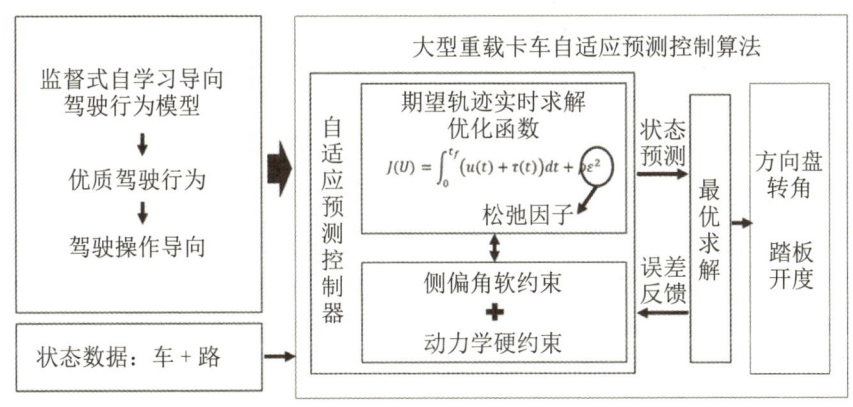

图4-9　大型矿用卡车控制模型和多种控制方案

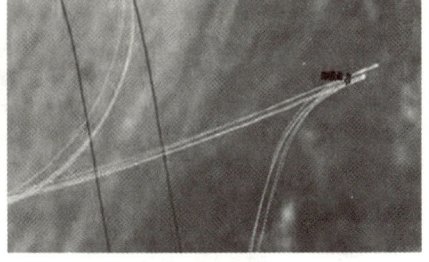

（a）自动倾倒　　　　　　　　　　（b）轨迹追踪

图4-10　矿用卡车精准停靠和轨迹跟踪控制

（二）平台核心技术

1、路车融合超视距感知技术

由于露天矿多弯道盲区路段，且矿用卡车体型大，车辆运输作业多出现类间遮挡状况，使得车辆感知受限，因此需要在车端感知的基础上搭建路侧视觉、激光雷达等感知硬件设备，通过路侧多传感器主动融合感知进行路侧视角可行驶区域检测，获取目标厘米级横向定位信息；通过路侧与车端信息融合与目标高精度关联，实现盲区超视距障碍物高精度检测（如图4-11所示）。

  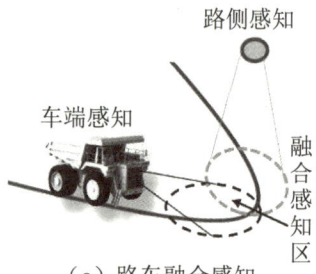

（a）路侧传感器　　　　（b）路侧目标检测　　　　（c）路车融合感知

图 4-11　路侧目标检测及路车融合障碍物感知

2、多编组智能调度技术

多编组智能调度是基于车端采集的车辆运行状况、环境特征等信息，对作业现场整体运行状况进行云端在线综合评估，结合车辆微观行为特性、车队运行特性、编组运行特性，以满足场景业务为前提，以能源消耗、时间效率、编组车辆资源运用效率为优化目标，设计自适应车辆组合策略，实现具备插队和止步行为的可变编组排队服务；通过云端远程智能调度，实现多编组在线协同和采矿作业任务最优分配（如图4-12）。

 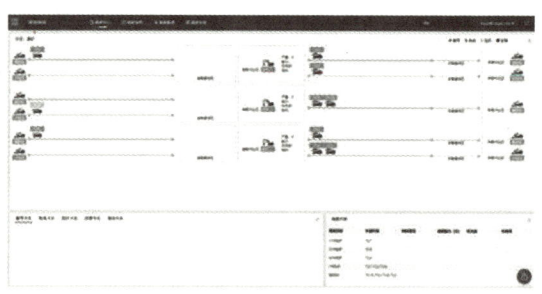

（a）多编组调度　　　　　　　　（b）多车智能调度

图 4-12　多编组调度智能决策技术

3、端-边-云架构多模式信息交互技术

矿区无人驾驶运输作业系统是由车、路、云三方协同耦合形成（如图4-13），系统庞大，整体风险管控与健康管理需求高，各子系统间作业不同步、信息相互孤立会严重影响系统整体运输安全性和高效性，因此需要基于5G通信网络对车、路、云进行高度耦合，实现车云、车路、路云等多模式信息安全交互，提升矿山运输风险管控、全局管控、整体运营调度效率，实现系统安全高效运输。

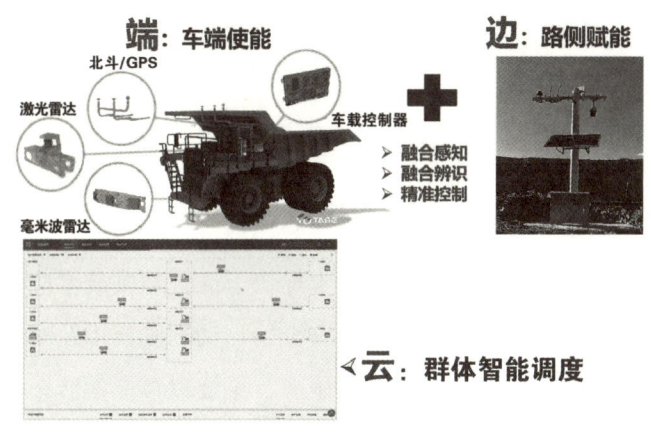

图 4-13　端-边-云架构多模式信息交互

八、国家政策支持

2020 年，国家发展和改革委员会、能源局、应急部等 8 部委联合发布《关于加快煤矿智能化发展的指导意见》，提出到 2035 年，各类煤矿基本实现智能化，构建多产业链、多系统集成的煤矿智能化系统，建成智能感知、智能决策、自动执行的煤矿智能化体系。

2021 年，中共中央、国务院印发《国家综合立体交通网规划纲要》，提出加强智能化载运工具和关键专用装备研发，推进智能网联汽车 (智能汽车、自动驾驶、车路协同) 应用。

第五章　自动驾驶在机场领域的商业化应用

一、机场领域典型商业化应用案例

机场运行的智能化、无人化发展需求加快了无人驾驶技术应用的进展。目前，国际大型机场已经纷纷采用先进安全的自动驾驶技术及车辆，为航空货运、临空物流、机场摆渡等领域提供服务，主要以接驳摆渡车、扫雪车、自动行李处理车、电动无人牵引车为主。如香港国际机场与驭势科技（北京）有限公司（以下简称"驭势科技"）合作运营了全球首个在机场实操作环境下的行李货运常态化无人物流项目、法兰克福机场与戴姆勒股份公司合作测试无人驾驶扫雪车来减轻人工作业时间和运营成本、鹿特丹海牙机场和美国达拉斯沃斯堡机场开始应用自动行李处理车并期望通过系统改进不断降低成本、新西兰克莱斯特彻奇机场与新西兰一公司正在合作应用自动驾驶接驳车、伦敦希思罗机场已经应用大约900辆可自动搬运行李的运输车来为旅客服务、新加坡樟宜机场正在试用无人驾驶电动车辆运送航空货运文件。

该领域典型的商业化应用案例有以下几个。

2019年11月，英国航空公司与无人驾驶车辆公司合作，在伦敦希思罗机场测试无人驾驶行李拖车，希望帮助英国航空进一步提升航班准点率，同时将帮助机场减少排放。

2021年2月，比亚迪（BYD）集团（以下简称"比亚迪"）携手日本最大航空公司全日空（ANA）航空公司（以下简称"全日空"），在东京羽田机场顺利完成了为期10天的自动驾驶大巴试运行，巴士将主要用于机场内的摆渡接驳。试运行期间，工作人员将在机场特定区域对大巴进行接近L3级别的自动驾驶测试。

国内在机场无人驾驶应用推广方面走在了国际前列，已经开展了多例商业应用且有望大规模推广。国内聚焦于为机场提供自动驾驶解决方案的企业主要包括驭势科技、仓擎智能科技（上海）有限公司（以下简称"仓擎智能"）、北京九曜智能科技有限公司（以下简称"九曜智能"）等公司。早在2017年3月，驭势科技无人驾驶接驳车已在广州白云机场P4停车场内完成试运营，并于"2017中国机场服务大会"期间向中外游客展示，后续又在海南美兰机场、北京大兴机场完成测试及运营。2020年9月，驭势科技与长沙黄花国际机场合作，在货站区域推广试用无人驾驶物流车运输航空货物，这也是无人驾驶技术在我国境内航空物流领域的首次应用。仓擎智能也宣布为国内某机场提供智能设备和整体自动驾驶解决方案，并已在国内的一个大型民用机场完成测试。

二、探索利用无人驾驶技术

目前，各国大型机场已经纷纷探索利用无人驾驶技术提高其运营效率，提升服务品质，并开始了相关商业化运营项目，取得了良好的效益，且有意扩大推广应用范围。法国ADP集团副总裁曾公开表示：在我们的创新枢纽计划框架中，未来将在机场城中心建设自动驾驶系统。国内机场也注意到了无人驾驶技术对于机场运营的提升作用。民航机场群智慧运营重点实验室曾在2019年部署"无人驾驶技术在首都机场客货运输中的应用研究与示范"任务研究。作为首批入选"四型机场"示范项目，全球第4个、亚洲第1个航空物流枢纽机场的鄂州机场，其建设方也曾征集无人驾驶研究方案。

三、经济效益和积极成果

民航业和物流业是支撑我国经济社会发展的战略产业。近年来，我国民用机场运输业务量持续快速增长，机场数量持续增加，但是在安全管理、运行效率、运输能力、降本增效等方面也面临众多问题。建设智慧机场成为中国机场未来发展的重要方向，其中推进载运工具、设施设备智能化是建设智慧机场的关键环节。智慧机场的建设形成了强化运营效率、降低用工成本、极度关注安全、固定运输路线等作业条件和场景特质，是适宜无人驾驶技术应用的高频、刚需和可落地场景。无人驾驶在机场的应用，可以提供无人物流货运、无人微循环接驳摆渡、无人安防巡检、无人自主作业装备等运输、载客、安防及作业服务，具有显著降低用工成本、解决司机用工难、提升运行管理效率、减少人为事故安全隐患、改善员工工作环境的优势。

（一）降低机场运营成本

目前，机场运营中普遍面临司机劳动力紧缺，招工难、人力用工及管理培训成本高等问题。2019年5月，中国民用航空局曾下发《关于统筹推进民航降成本工作的实施意见》，支持鼓励企业内部挖潜增效，加强内部成本管控，鼓励先进技术应用。机场无人物流货运的应用通过"AI司机"代替3～4名人类司机工作，可以实现7×24小时全天候不间断的平稳作业，解决目前货运司机招聘困难、用工成本逐年上涨、员工培训管理成本、工作枯燥导致的人员流动率大等诸多问题。通过无人物流的规模化应用，能显著降低机场以人力资源为主的运营成本，更可直接提升应对类似疫情危机事件的抗风险能力，提高实体经营效益。

（二）提升运营管理效率

机场行李货运作业对于物流运输及运营效率极其严苛。人工驾驶不稳定的、临时的作业交接和人员众多带来的管理运营问题，对机场的生产作业平稳产生的影响不可小视。机场可以通过车辆调度、编队行驶、数据分析、全天候作业、精准运输掌控等技术能力提高无人物流货运效率，提升机场的运营管理效率和物流基础设施的信息化互联水平，从而大大改善物流货运的周转效率，方便管理人员掌控与调度实时运输能力。

（三）降低事故安全风险

机场是世界上安防标准最高的场所之一，对安全事故始终要求零容忍。但是人为操作、多样化设备交互协同作业、粗放管理及危险事故应急机制失效等会影响机场安全，是机场安全控制中的不稳定因素。采用无人物流货运，结合冗余安全设计，可以通过5G、车路协同、远程监控及遥控及电子围栏等多重技术手段充分保证物流运输安全，大量的实地测试及虚拟仿真测试也可以保证设备对作业运输环境的完全适应，从而避免不稳定因素带来的潜在安全风险，并由充分的应急监控机制保证绝对安全。

（四）改善员工作业环境

大部分机场的作业环境比较艰苦，需要司机忍受强噪声、高温、暴晒甚至极端恶劣天气，同时线路单一、不分昼夜地连续工作也是导致员工流失率较高的重要因素。"AI司机"可以不惧风雨、不怕疲惫、不挑环境，全天候全过程常态化实现物流运输，这时人类司机可以执行远程监控、设备维护保养等相对轻松的工作，保证了员工的安全及健康。

四、存在的问题和不足

机场无人驾驶技术目前在成本、基础设施、商业模式、技术成熟度等方面已经具备商业应用的可能性。在投入成本方面，有望根据量产规模和关键零部件成本下降进一步具备商业优势；在技术成熟度方面，有望通过商业常态化应用产生的海量数据及真实场景案例进一步提升可靠性和安全性。目前，国内机场无人驾驶技术应用推广发展主要面临法规准入、标准及认证方面的挑战。机场无人驾驶技术应用发展尚处于行业起步阶段，国内尚未建立相关设备检验机构，更无相关检验认证标准和作业运营标准，是商业推广亟待解决的问题。民用航空局也重点关注了无人驾驶技术对于机场运营的有益作用。

2020年1月，民用航空局发布的《中国民航四型机场建设行动纲要（2020—2035）》规划文件中重点提到：鼓励应用具备多维感知、高精度定位、智能网联功能的终端设备，在智能运行监控、少人机坪、机坪自主驾驶、自助智能服务设备、智能化行李系统、智能仓储、自动化物流、智慧能源管理、智能视频分析和节点时间数据自动化采集等领域取得突破，逐步向全行业推广；在高危工种岗位试点机器人替代人工操作，在有人值守岗位逐步推行无人值守、远程监控等。从中可以看出，机场作业场景的少人化甚至无人化作业是建设智慧机场、平安机场的必由之路，也是无人驾驶技术推广应用的优先落地场景。

五、标准化建设情况

2020年4月16日，工业和信息化部装备工业一司发布《2020年智能网联汽车标准化工作要点》，提及发挥标准对产业重点需求及应用示范的支撑作用。提出面向无人接驳、无人物流等新型产业模式及港口、园区、停车场等特定场景的应用示范需求，完成所需技术标准的立项研究；加快智能网联汽车自动驾驶功能测试相关标准制定，有力支撑智能网联汽车道路测试及应用示范；持续完善智能网联汽车测试评价标准体系，营造高质量的开发、测试及应用环境，助力智能网联汽车技术应用和商业化进程。

2021年3月16日，工业和信息化部、交通运输部、国家标准化管理委员会印发《国家车联网产业标准体系建设指南（智能交通相关）》（以下简称《建设指南》），提出在运输组织方面开展自动驾驶物流运输服务技术规范和封闭园区低速自动驾驶物流运输服务技术规范两项行业标准预研。

六、主要的技术团队和骨干企业

（一）驭势科技（北京）有限公司

驭势科技由前英特尔中国研究院院长、国家科技创新创业人才吴甘沙领衔发起，通过自主研发的"高安全多场景L4级自动驾驶系统"，将技术落地于"高频、刚需、可量产"的场景，形成面向智慧物流、个人出行、公共出行的解决方案，为多类实体经济场景交付了安全可靠的"AI司机"，入选国家人工智能与实体经济深度融合创新项目，并承担了工业和信息化部新一代人工智能揭榜挂帅重点任务。该公司重点布局的多场景高级别的自动驾驶解决方案包括智慧物流领域机场、工厂、港口无人驾驶电动物流拖车解决方案、室外无人配送解决方案，个人出行领域面向乘用车、共享出行的全自主代客泊车方案、高速自动驾驶解决方案、城市L4级Robo-taxi解决方案，公共出行领域城市公共出行、大型园区无人驾驶微循环巴士方案。

（二）仓擎智能科技（上海）有限公司

仓擎智能专注于人工智能核心技术研究开发，赋能于无人驾驶车辆和物流搬运机器人领域的整体解决方案，满足不同应用场景下工业车辆的智能化、自动化、无人化的需求。公司创始人宋志伟在机器人和自动驾驶领域具有20年的研发经验，曾任新加坡科技局自动驾驶研发部感知实验室主任。公司核心团队由来自波士顿大学、中国科学技术大学、上海交通大学、电子科技大学等国内外著名学府。

（三）北京九曜智能科技有限公司

九曜智能成立于2018年，是一家集技术研发、规划设计、生产制造、售后服务为一体的工业级无人驾驶解决方案提供商，目前在北京拥有10 000平方米研发中心，具备多品类自动化车辆研发及改装能力。它作为德国Götting KG（哥廷）公司中国区独家合作伙伴，拥有无人驾驶导航算法、调度管理系统等多项核心技术，产品达到国际一流水准。

七、重大事件

2017年3月，白云机场与驭势科技合作，引进一辆无人驾驶车在P4停车场内进行摆渡测试，并于3月31日至4月1日在广州举办的"2017中国机场服务大会"上向中外旅客展示人工智能与机场服务相结合的先进技术。

2019年9月，作为大兴机场"智慧机场"建设的创新合作伙伴，驭势科技携无人接驳车、无人巡逻车在正式通航日"落地"大兴机场。在此之前，这两款无人车已在机场内开展长期无人驾驶测试，吸引往来旅客进行体验。

2020年1月，驭势科技携手香港国际机场建设了全球首个机场无人驾驶物流商业化运营项目，无人驾驶拖车实现了"去安全员"，在疫情防控期间仍能够7×24小时全天候常态化展开运作，成为不中断的智能物流基础设施。10月，该项目正式扩展服务范围，运营路线拓展至香港国际机场海天客运码头及一号客运大楼行李处理大堂。

2020年9月，驭势科技与长沙黄花国际机场合作，在货站区域推广试用无人驾驶物流车运输航空货物，这也是无人驾驶技术在我国境内航空物流领域的首次应用。

2021年1月，香港国际机场宣布，海天客运码头运行的行李拖车将于2021年第一季度全部更换为无人驾驶拖车。

2021年2月，比亚迪携手全日空在东京羽田机场顺利完成了为期10天的自动驾驶大巴试运行，巴士将主要用于机场内的摆渡接驳。试运行期间，工作人员在机场特定区域对大巴进行接近L3级别的自动驾驶测试。

八、发展趋势和技术重点

大型国际机场由于客货运吞吐量大、物流运输繁忙、人员工资成本高等现状，对于无人物流技术应用的需求更为迫切。机场运营无人驾驶车辆对于安全有着极其严苛的准入标准：要进行针对机场内多种复杂场景（如停机坪、隧道等）和恶劣天气（如大雨、台风等）的全天候真实环境测试，无人驾驶车辆安全性需要通过机场安全及飞行区运作部等多个部门的评估及核准。由于人员紧缺、运输繁忙、成本增高等问题迫切需要解决，部分国际机场已公开表示将陆续增加无人驾驶作业车辆，逐步取代机场内的传统车辆。目前，无人驾驶作业车辆可以实现无安全员作业这一目标，并得到了国际机场协会20余家国际大型机场的调研关注，有望率先实现量产推广应用，并真正创造经济效益。在国内，截至2019年年底，境内运输机场（不含香港、澳门和台湾地区）共有238个，而在民航强国战略和新基建大背景下，未来机场新增数量将持续攀升是必然趋势。我国正处在燃油车向电动车大规模转换的关键时机，民用航空局下发了《关于机场开展地面特种车辆"油改电"工作的有关意见及要求的通知》。在建设智慧机场的大背景下，无论是市场真实需求还是技术应用成熟度，都已经逐步满足并达到量产规模应用的基础条件，因此机场无人作业车辆将率先落地商用并创造应用价值。

机场无人作业车辆的自动驾驶等级属于L4级，包含激光雷达、摄像头、超声波雷达等多类传感器，车规级智能驾驶控制器，自动驾驶核心算法，云端管理服务等模块。为了满足机场场景对安全的要求，还需要采用安全设计，并配合V2X、远程监控、电子围栏等技术保证绝对安全，可利用仿真测试模拟机场运行环境下各种极端场景来加快商业部署和提升运营安全。机场货运及客运路线虽然固定，但是其运营场景并不简单，需要通过不同类型的运输路段，如隧道、施工、拥挤路线等；需要面对各类极端天气，如暴雨、强光、台风、大雾等；需要满足严苛的物流运输时效标准，这些对于算法及其他技术适配提出了极高的要求。

九、政策和管理建议

在"十四五"规划部署建设智慧机场和新建机场时，鼓励推广无人物流技术及设备，帮助机场降低运营成本、提升运营效率。国家主管机构可部署智慧机场建设试点示范项目，引导机场、相关技术供应商、检验认证机构、标准法规部门率先建立示范验证项目，并进一步跟进研讨并制定相关法规准入、标准认证、安全作业等规范文件，为技术商业化应用提供政策法规保障，从而为技术大规模商业推广打通准入环节。

国家在新一轮基建建设中，选取典型示范场景，部署机场无人物流商业标杆示范项目，带动多项产业发展并建成高效物流基础设施。2020年，国家发展改革委基础设施发展司公开表示，新冠肺炎疫情暴露出我国航空运输的短板，未来将加大航空货运基础设施的建设力度，并加快推进以货运功能为主的机场建设。由于机场无人物流项目综合多项前沿技术（包括5G、车联网、人工智能、新能源汽车、大数据、智能传感器等），具有极大的产业带动作用，同时也是新型物流基础设施的重要代表。但其前期固定资产投入较多，若能通过产业转型升级固定资产投资项目并予以一定比例的政策补贴，将鼓舞相关方投资建设运营该项目。

抓住我国机场燃油车换电动车的时机，鼓励机场采用智能运载工具，适应智慧机场及物流运输少人化发展趋势。对新建机场的建设规划应充分考虑未来新技术发展趋势，做好充分的适应性基础设施准备；在新技术试点阶段，保持一定安全度的前提下，建立审慎包容机制，并对新技术加以宣传推广。

以工业和信息化部安全生产司开展工业领域自动驾驶和安全生产融合应用要素研究任务为契机，抓紧部署机场无人物流的课题研究，为相关机场及自动驾驶企业提供理论保障及可行性参考规范。建议民用航空局主管相关研究机构和重点实验室开展自动驾驶与机场作业融合应用方向研究，对关键技术、实施风险、部署措施开展针对性研究，为技术推广提供信息支撑。

第六章　自动驾驶在港口领域的商业化应用

2020 年全国港口累计完成集装箱吞吐量 2.64×10^8 国际标准箱,按照 12~15 元/国际标准箱的运输价格,集装箱港口物流市场规模约 40 亿元/年。其中,集装箱码头卡车保有量超 10 000 台,平均每年更新约 2000 台,大中型港口单个码头装箱车存量 100~200 台不等,以集装箱卡车为切入载体的港口自动驾驶应用正逐步走向深入。

自 2017 年以来,借助港口场景封闭、低速、载货、法规约束有限等良好应用条件,自动驾驶技术率先在港口集装箱码头开展了测试验证与应用探索。经过多年的实践,港口自动驾驶已经逐步从技术研究走向产品落地、从单车智能路线走向 5G-V2X 协同式自动驾驶、从单一车辆编队示范应用走向有人无人混合型智能化调度,并正加速从有安全员驾驶向无人驾驶迈进。新的自动驾驶解决方案及商业模式不断涌现,港口自动驾驶商业化进程正在提速。

一、部分港口集装箱码头开始进入试运营阶段

(一)天津港

2021 年 1 月,天津港传统集装箱码头全流程自动化升级改造项目宣布全面运营,25 台无人驾驶电动卡车在港口作业系统的统一指令下实现自如交互

作业。该无人驾驶电动卡车由天津港集团与北京主线科技有限公司（以下简称"主线科技"）、中国重汽集团公司（以下简称"中国重汽"）联合研发，已建成天津港集装箱码头远程操控中心，实现对港内集装箱卡车的全自动化操作和港外集装箱卡车的远程操作，完善了厘米级精准定位、驾驶路线记忆、车辆位置修复等功能，突破 L4 级无人驾驶状态。2020 年底，天津港无人驾驶卡车累计运行里程 40 万公里，完成作业箱量 34×10^4 国际标准箱。

天津港自动驾驶商业化历程（见表6-1）呈现出三个特点：一是自动驾驶技术是实现港口智慧化改造升级的关键一环，需要与港口其他自动化系统、机械设备构成整体解决方案；二是自动驾驶技术从技术研发、产品测试，到规模示范，再到常态化运营，整个落地周期耗时约 3 年；三是自动驾驶技术落地至少需要港口企业、自动驾驶技术企业、卡车制造企业、移动通信企业等四方场景运营企业的共同参与方能实现，是新的技术与产业融合创新的过程。

表 6-1 天津港自动驾驶商业化应用情况

时间	实施主体	商业化过程
2017 年 12 月	天津港集团、主线科技	签署《港口智能装备研发战略合作框架协议》，推动智能电动集装箱牵引车在集装箱码头中应用。
2018 年 2 月	天津港集团、中国重汽、主线科技	签署《天津港智能纯电动集装箱牵引车研发与示范项目》三方合作协议
2018 年 4 月	天津港集团、中国重汽、主线科技	天津港集团、中国重汽、主线科技推出全球首台无人驾驶电动集装箱卡车，并在天津港试运营，豪沃TX整车满载 120 公里，充电时间小于 1 小时
2018 年 5 月	天津港集团、中国重汽	签署战略合作协议，研发试制港口纯电动自动驾驶集装箱卡车，为院士工作站科研成果提供转化平台
2018 年 12 月	天津港集团、中国联通天津公司	签署战略合作协议，基于 5G 技术天津港实现对无人驾驶电动集卡运行过程全景、高清、实时远程视频监控，并将继续攻克环境异物分析等技术难题
2019 年 2 月	天津港集团、中国重汽	中国重汽成功中标天津港 4 辆智能电动集卡招标项目，自动驾驶技术将正式批量投入天津港运营

续表

时间	实施主体	商业化过程
2020年1月	天津港集团、中国重汽、主线科技	天津港成功实现25辆无人驾驶电动集装箱卡车——豪沃TX牵引车全球首次实船作业测试
2020年9月	天津港集团、中国重汽、主线科技	天津港无人驾驶电动集装箱卡车在集装箱公司自动驾驶示范区实现全无人试运行,距离实际投产更进一步
2020年10月	天津港集团、中国重汽、主线科技等	天津港集装箱码头实现全球首次集装箱传统码头无人自动化改造全流程实船系统测试,集成多种技术的无人自动化集装箱场桥、无人驾驶电动集装箱卡车、无人智能解锁站和无人集装箱岸桥完成成组应用
2020年12月	天津港集团、主线科技、中汽研汽车检验中心(天津)有限公司	天津港获批建设全球首个港口自动驾驶示范区。示范区将在天津港集装箱码头公司的北区和C段实施,并组建超过50辆自动驾驶车的车队、建设自动驾驶车队调度管理系统、搭建港口交通云控平台、构建港口自动驾驶标准体系和制定港口自动驾驶安全管理办法
2021年1月	天津港集团、中国重汽、主线科技等	天津港正式启动全球首创传统集装箱码头全流程自动化升级改造项目的全面运营,25台无人驾驶电动卡车在港口作业系统TOS(码头营运系统)的统一指令下开展交互作业
2021年6月	天津港集团、主线科技、徐州工程机械集团有限公司	三方合作打造的首批5台人工智能运输机器人交付,率先在C段码头启动测试运营。该运输机器人去除了驾驶舱设计,自重更轻、高度更低、宽度更窄,可正反双向行驶,能够适应水平岸线地面解锁工艺

(二)宁波舟山港

2020年12月,舟山港梅山港区与杭州飞步科技有限公司(以下简称"飞步科技")共同启动基于多路自动驾驶集装箱卡车编队的常态化独立整船作业,13辆L4级智能集装箱卡车在梅山港区7号泊位同步启动。编组整船作业启动后,L4级集装箱卡车车队已进行29次作业,累计运输2079国际标准箱,全程无人接管率达到85%,基于调度的编队整船作业效率已接近人工集装箱卡车水平。

公开资料显示，宁波舟山港集团应用的 L4 级自动驾驶集装箱卡车，具备与人工集装箱卡车一致的作业工艺，完整覆盖近 200 种实际作业工况，适用于各类箱型、船舶的装卸船和移箱作业。针对单个港区，飞步科技计划通过优化车端智能作业算法、搭设路端感知设备，并在云端智能系统的全局调度优化下打造可在真实、混线工况环境下高效作业的 L4 级自动驾驶水平运输方案。下一个阶段，飞步科技将依托港内集装箱卡车水平运输项目的经验，重点研发港外集装箱卡车在码头间水平运输跨运的运营策略，突破单点运营现状，分阶段串联起"感知更多数据、调度更多集装箱卡车（车队）、适配更多场景"的自动化运输链路。

（三）泰国林查班 (laem chabang) 港口

2020 年 4 月，上海西井信息科技有限公司（以下简称"西井科技"）自主研发的 6 辆 Q-Truck 全电动无人集装箱卡车车队已在和记港口泰国最大商业港口林查班码头运营，并实现一次对位成功率 97% 以上、控制精度小于 3 厘米、连续 12 小时跨白天黑夜实船作业，且在遭遇日晒、多云、暴雨等工况下依然可以有条不紊地与有人驾驶车队合作。

Q-Truck 全电动无人集装箱卡车是西井科技 2019 年 8 月量产的无人驾驶新能源集装箱卡车，采用无驾驶室整车设计，将电池装在车头部位，并在车身两侧设置了可更换的副电池仓，无须再在场地部署磁钉，同时搭载视觉摄像头、激光雷达、毫米波雷达等多套工业级传感器，能覆盖周边环境并帮助相互校验覆盖区域，无缝对接 TOS 及 FMS（车辆调度系统），续航达 200 公里，载重达 80 吨，可适用于港口、园区、矿场、高速等多场景。Q-Truck 车队全面覆盖短线泊船、支线货轮、干线货轮等各船型作业，连续作业超过 24 小时的续航能力使其可以不间断地参与完成最大船型约 4000 箱货物的装卸任务。

二、数十个港口码头自动驾驶正开展工程化验证

据不完全统计，截至 2020 年年底，国内前十大集装箱港口中的上海港、

第六章
自动驾驶在港口领域的商业化应用

舟山港、深圳港、广州港、厦门港、苏州港、唐山港、日照港的部分码头正在进行或计划开展规模化的自动驾驶集装箱卡车、智能水平运输车的试点验证工作（见表6-2）。

表6-2 国内港口领域自动驾驶工程化验证情况

港口	实施主体	验证进程
上海洋山港	上海国际港务（集团）股份有限公司、上海汽车集团股份有限公司、中国移动通信集团公司（以下简称"中国移动"）	2019年11月，由上汽集团、上港集团和中国移动三方合作的全球首个"5G+L4"级别的智能驾驶卡车在洋山港进行试点运营。 2020年7月，上汽宣布"5G+L4"智能重卡在上海洋山港启动准商业化运营，港口运量由单月500箱增加到4500箱。其中，"5G+L4"智能重型卡车实车道路测试里程超过18.5万公里，台架虚拟仿真测试里程超过700万公里，应用场景从深水港物流园区—东海大桥—洋山一期扩展到洋山四期
宁波舟山港	舟山港信通公司、舟山港梅东集装箱码头有限公司、舟山甬舟集装箱码头有限公司、宁波大榭招商国际码头有限公司、北京斯年智驾科技有限公司（以下简称"斯年智驾"）	2020年12月，舟山港金塘港区大浦口集装箱码头2号泊位加入混编作业的无人集装箱卡车编组实船测试已累计完成集装箱运输量5000标准箱，验证了舟山港所属信通公司自主研发的集装箱码头生产操作系统无人集装箱卡车自动化调度模块应用的显著成效 2020年5月，大榭招商国际码头进行单车和多车实船作业测试，并与比亚迪合作自动驾驶纯电集装箱卡车前装研发。 2020年11月，开始试运营4辆无人电动集装箱卡车，负责码头一个岸桥的完整运输线路，在有人、无人驾驶集装箱卡车混行的状态下完成多车编组装卸船全流程作业
深圳港	招商局集团有限公司、三一海洋重工有限公司（以下简称"三一海工"）和北京奥特贝睿科技有限公司（以下简称"奥特贝睿"）、主线科技、中国重汽等	2020年8月，由深圳妈湾港、三一海工和奥特贝睿共同打造的无人驾驶电动集装箱卡车在妈湾港投入运营，实现集装箱从岸桥泊位到堆场的无人水平运输作业。 2020年8月，主线科技与中国重汽携手打造的无人集卡正式参与妈湾智慧港班轮作业

续表

港口	实施主体	验证进程
深圳港	招商局国际信息技术有限公司、三一海洋重工有限公司、福建中科云杉信息技术有限公司（以下简称"中科云杉"）	2020年6月，三一海工首批5台纯电动无人集装箱卡车在妈湾港组织的无人集卡全流程无人作业比测中以7.052箱/小时的作业效率在所有测试单位中名列第一。 2021年1月，三一海工、中科云杉共同中标妈湾港"5G+自动驾驶"项目，并正式签约签署18台无人集装箱卡车合作
广州港	广州港集团有限公司、上海振华重工（集团）股份有限公司（以下简称"振华重工"）、中国联通广州分公司、华为技术有限公司	2020年5月，各方签订智慧港口5G联合应用创新合作意向书，将联合在广州港南沙港区四期工程打造大湾区首个全自动化码头和全国5G应用示范工程，实现批量IGV（智能导引车）集装箱卡车自动驾驶、大型港机设备远程精准控制、AI（人工智能）智能理货、AR（增强现实）智能远程查验及安全监管、无人车无人机远程自动巡检等多项5G智慧港口应用。截至2022年9月，南沙港区四期工程区域已经实现无人作业，根据已获取的测试数据，四期工程区域自动化作业效率与人工作业相差不大
厦门港	中远海运港口有限公司、东风商用车有限公司（以下简称"东风商用车"）和中移（上海）信息通信科技有限公司	2020年5月，三方联合开发的首台定制平台港口"5G+无人驾驶集装箱卡车"在厦门远海码头顺利完成装卸船作业流程演示，并同时发布《港口无人驾驶集装箱卡车性能和测试方法》企业联合标准、《5G智慧港口全业务场景落地白皮书》《5G智慧港口实施方案和路线图》。 2020年9月，首批共6台5G无人驾驶集装箱卡车在湖北东风商用车厂顺利交付，车辆将在中远海运港口厦门远海码头的作业现场编组调试后，正式开启运营。 2020年12月，厦门远海码头5G无人驾驶集装箱卡车完成实船作业测试，港区5G智慧港口建设再上新台阶。 2020年12月，自动化码头技术交通运输行业研发中心在中远海运厦门远海码头试验基地揭牌，并获批国家发展和改革委员会、工业和信息化部"2020年新型基础设施建设工程"项目

第六章 自动驾驶在港口领域的商业化应用

续表

港口	实施主体	验证进程
苏州港	苏州港太仓港口投资发展有限公司	苏州港太仓港四期采用"单小车岸桥＋集装箱卡车＋自动化轨道吊"的半自动化装卸工艺，项目将分单车测试运行（有安全员）、车队级测试运行、车队级混合作业（安全员下车）3个阶段建设。2022年6月，苏州港太仓港区四期工程通过竣工验收，港口开展无人驾驶集装箱卡车示范应用，实现无人高效的水平运输
唐山港	中国移动通信集团河北有限公司唐山分公司、一汽解放集团股份有限公司（以下简称"一汽解放"）、苏州挚途科技有限公司（以下简称"挚途科技"）、北京经纬恒润科技股份有限公司（以下简称"经纬恒润"）	2019年11月，唐山港以5G技术为支撑的无人驾驶集装箱卡车在京唐港区集装箱码头接入实船作业试运行。 2020年8月，唐山港"5G+智慧港口"项目实现了无人集装箱卡车运输与有人运输混流作业模式。 2021年2月，唐山港5台无人集装箱卡车测试车辆实现全流程港口作业，完成各类集装箱无人集装箱卡车运输2428国际标准箱、其中完成装卸船作业760国际标准箱、贝位规整测试1668国际标准箱
日照港	一汽解放、挚途科技、经纬恒润等	自2019年开始，日照港已在5G环境下完成远程驾驶和自动驾驶功能测试，其中远程驾驶于2020年9月亮相。未来，将加快单车智能驾驶、车队智能驾驶测试进程，最终实现"单小车远控岸桥＋自动化轨道吊＋无人集装箱卡车＋自动化堆场"这一集装箱自动化码头方案的实际落地与应用

工程化验证内容从运载工具看包括无人驾驶集装箱卡车和智能水平运输车，从技术状态看包括单车测试运行（有安全员）、车队级编组测试、车队级智能调度混合作业（无安全员）三个阶段，从智慧化全局看包括功能性验证、安全性验证、信息通信验证、场地适用性验证、系统联调验证、运营模式验证等。

三、自动驾驶已经成为传统码头智慧化改造的有效支撑

当前，全球港口 98% 以上的集装箱码头均是传统人工操作码头，自动化升级改造将成为港口发展的必然趋势，但现有自动化码头技术方案无法解决传统人工码头的全自动化升级改造需求。利用自动驾驶技术进行传统集装箱码头升级改造，助力全流程无人自动化作业，是人工码头智慧化改造的有效方式。

（一）发挥产业示范效应

港口自动驾驶是典型的"封闭场地＋低速运营"的场景，虽然市场规模不大，但可借此获得货物集装箱从船舶到码头堆场再到码头集散地的运输货权。港内货运实现自动驾驶运输后，自动驾驶技术应用就能以点连线、连线成片，逐步向外延伸到物流园区、干线物流、厂内物流，形成"航运—港口—公路干线—物流枢纽"的全物流场景，成为自动驾驶技术产业化的绝佳"试验田"。

（二）提高运营作业效率

相比跨运车和自动导引车方案，自动驾驶集装箱卡车建设成本低，只需在现有智慧码头基础上引入智能路侧设施，即可实现快速部署，能较快提高集装箱周转速度和降低运营成本。同时，无人化的自动驾驶集装箱卡车或运载工具能够 24 小时作业，驾驶质量标准、稳定高效。根据公开信息，天津港北疆港区 C 段传统集装箱码头全流程自动化改造后，整体作业效率提升近 20%，码头单箱能耗下降 20%，人工减少超过 6 成，综合运营成本下降 10%。

（三）降低人工成本及风险

通常港口需要 365 天 24 小时运营，典型港内集装箱卡车需配备 4 名司机三班倒，司机年薪（含工资和社保）平均 15～20 万元/年，人工成本占港口运输成本的 50% 以上。而自动驾驶集装箱卡车或运载工具的核心功能就是少人化甚至无人化，随着自动驾驶安全员的退出，未来一名安全员将能够调度、

监控或遥控整车自动驾驶车队，有助于从总量上减少有人驾驶比重，进而降低人工成本。另外，集装箱实现少人化、无人化转运将客观上促进港口作业的标准化和专业化，进而有效降低作业事故风险。

四、港口自动驾驶商用面临技术与成本双重挑战

（一）部分关键技术仍需不断提升

当前，港口自动驾驶总体处于有安全员的示范运行阶段，部分关键技术性能与场景适应性需进一步迭代升级，具体体现在以下四个方面：一是厘米级作业精度。自动驾驶车辆或运载工具必然要与其他港口机械设备联动交互作业，码头生产作业流程需要达到±5厘米的对位作业精度，吊具才能精准装卸集装箱。二是定位干扰问题。船舶靠岸、岸桥、金属集装箱等多源信号干扰使得卫星导航系统难以精准定位。三是工况适应性问题。工况特殊性指港口靠海，需要自动驾驶系统克服盐雾、台风、大雨等特殊天气影响。四是工况复杂性问题。它主要指作业环境的高度动态变化，道路轨迹、集装箱堆放形态、有人无人交互等作业要素经常变更，系统要长时间地学习。

（二）运营企业应用前期投入较高

港口自动驾驶应用的前期成本主要包括自动驾驶车辆或运载工具购置、路侧智能设备、系统运维成本等。车辆或运载工具方面，目前购置自动驾驶集装箱卡车直接成本约为120万元/辆，远高于传统燃油车约50万元/辆的购置费，同时，由于当前港口自动驾驶相关设备尚处于定制开发阶段，产业链整体成本高；路侧智能设备方面，新增设备包括智能红绿灯、护栏、道钉、路测感知单元、5G网络基站等，还要进行必要的场地改造与功能部署等；系统运维方面，港口自动驾驶车辆或运载工具、云端调度平台等需要根据码头生产作业流程进行算法软件迭代升级和硬件保养维护。除此之外，码头运营企业、自动驾驶企业、商用车制造商、工程机械公司之间的商业模式仍在探索中，产业链协同度影响整体成本和效益。

五、国内港口自动驾驶领域标准化加快进程

港口自动驾驶标准涉及产品技术标准与作业场景标准，未来需要在这两类标准的共同作用下实现规模化场景复制。目前相关国家标准仍在预研阶段，行业标准、部分团体标准等纷纷发布，这些将为港口自动驾驶落地提供有效指导。

（一）国家标准正在研制中

由中国汽车技术研究中心有限公司、东风商用车、一汽解放牵头，挚途科技等 11 家标准项目参编单位共同编写的《智能网联汽车 自动驾驶应用技术要求及试验方法 第 1 部分：港口》已经于 2021 年 1 月启动预研，主要涉及产品技术标准。目前，该标准草案已经申请立项为国家标准，预计在 2023 年公开征求意见，2024 年完成审查与报批。

（二）行业标准开始征求意见

2021 年 6 月发布的《自动化集装箱码头建设指南》中，明确提出了包括装卸工艺与平面布置、道路与堆场、通信与网络、配套设施、安全与港口保安设施、单机设备控制系统、管理系统、集成与调试、运行维护等涉及自动化集装箱码头的设计、管理系统与控制系统的集成、调试与运行维护等内容，包括了产品技术标准和作业场景标准，具有系统性。

（三）系列团体标准正加快研制

行业协会、港口企业、整车厂商、自动驾驶初创公司、移动通信企业等正联合制定相关团体标准，研制进度快于国家标准和行业标准。2021 年由中国智能交通产业联盟组织制定的《港口无人驾驶集装箱车技术要求》团体标准已发布，包括"驾驶场景和行驶行为""无线通信和信息安全""车辆功能要求""车辆功能测试方法"四个系列标准，是全国首个港口无人驾驶集装箱车的标准。表 6-3 中列出了港口自动驾驶相关标准研制情况。

表 6-3 港口自动驾驶相关标准研制情况

类型	标准名称	要点	状态	时间	归口组织
国家标准	《智能网联汽车 自动驾驶应用技术要求及试验方法 第1部分：港口》	适用于行驶于港口、具备自动驾驶功能的N3类车辆，其他车型可参考执行。以车辆行驶于港口的功能实现为主要内容，避免对于技术路线和特殊车型的限定，是在原有车辆标准及自动驾驶标准体系下的补充和完善	已经提交立项	2021年1月项目启动	全国汽车标准化技术委员会智能网联汽车分技术委员会
行业标准	《自动化集装箱码头建设指南》（JTS/T 199-2021）	统一自动化集装箱码头技术要求，适用于新建、改建和扩建自动化集装箱码头的设计、管理系统与控制系统的集成、调试与运行维护等	发布	2021年6月	交通运输部
团体标准	《港口无人驾驶集装箱车技术要求 第1部分：驾驶场景和行驶行为》（T/ITS 0147.1-2021）	本文件规定了港口无人驾驶集装箱车的一般要求、生产作业要求、单独运行场景及行驶行为要求、与有人驾驶集卡混编运行场景和行驶行为要求。本文件适用于港口无人驾驶集装箱车的设计、开发、测试、使用和管理	发布	2021年9月	中国智能交通产业联盟
团体标准	《港口无人驾驶集装箱车技术要求 第2部分 无线通讯和信息安全》（T/ITS 0147.2-2021）	本文件规定了港口无人驾驶集装箱车无线通信和信息安全。本文件适用于为实现港口集装箱车无人驾驶的无线通信系统建设。注：本文件中港口无人驾驶集装箱车包括港口牵引车和半挂车组合形式，以及平板式无驾驶舱运输车形式等	发布	2021年12月	中国智能交通产业联盟
	《港口无人驾驶集装箱车技术要求 第3部分：车辆功能要求》（T/ITS 0147.3-2021）	本文件规定了港口无人驾驶集装箱车系统的功能要求。本文件适用于港口无人驾驶集装箱车辆。其他车辆可参照执行	发布	2021年12月	中国智能交通产业联盟

续表

类型	标准名称	要点	状态	时间	归口组织
团体标准	《港口无人驾驶集装箱车技术要求 第4部分：车辆测试方法》（T/ITS 0147.4-2021）	本文件规定了港口无人驾驶集装箱卡车系统的检测项目的测试场景、测试方法及要求。本文件适用于港口无人驾驶集装箱车辆，其他车辆可参照执行	发布	2021年12月	中国智能交通产业联盟
	《智慧港口等级评价指南集装箱码头》（T/CPHA 9-2022）及《智慧港口等级评价指南集装箱码头评价实施细则》	适用于对集装箱码头的智慧港口建设情况进行综合评价，设置了智能管理、设施设备、信息技术、数智服务等四个一级评价指标。在评价细则的设施设备部分，使用包括自动导引运输车或智慧型导引运输车或无人驾驶集装箱卡车等自动化水平运输设备占比≥80%，得20分；自动化水平运输设备比例≥65%，得15～20分；其他情况，得5～15分	发布	2022年1月	中国港口协会

六、数十家初创企业抢滩布局港口自动驾驶

自2018年起，以经纬恒润、主线科技、西井科技等为代表的自动驾驶解决方案提供商纷纷与港口集装箱码头企业合作，进行自动驾驶集装箱卡车落地实验验证和示范应用。以一汽解放、东风商用车、上汽依维柯红岩商用车有限公司（以下简称"上汽红岩"）为代表的主机厂也通过合作或自研的方式开发港口自动驾驶集装箱卡车并进行落地应用。另外，以振华重工代表的港机制造商在AGV（自动导引运输车）产品基础上拓展IGV（智能导引运输车）产品。国内港口领域自动驾驶企业情况见表6-4所列。

表 6-4 国内港口领域自动驾驶企业情况

名称	背景	简介	合作方	技术路线
上海振华重工（集团）股份有限公司	中国最大的港口机械制造商	重型装备制造行业知名企业，为国有控股A、B股上市公司，控股方为世界500强之一的中国交通建设股份有限公司	无	IGV、AGV
上海西井信息科技有限公司	谭黎敏，悉尼大学博士	脑神经技术产品研发商，致力于制造模拟人脑神经元工作原理的芯片，产品主要应用于智慧医疗、智慧港口城市、无人机无人车、智能终端等	振华重工	类脑芯片、电动无驾驶舱自动驾驶卡车、智慧港口等
北京主线科技有限公司	李德毅，中国工程院院士；张天雷，清华大学计算机科学与技术博士	定位为用智能驾驶技术打造智慧物流产品的人工智能国家高新企业，致力于打造封闭、半封闭和城区全场景下的智能驾驶物流引擎，赋能于港口、高速干线、物流园区和城区配送等多样化物流场景	中国重汽集团公司	智能港内集装箱卡车
苏州挚途科技有限公司	智能驾驶方案及智慧物流解决方案提供商	由国内商业车领军企业一汽解放发起成立的智能车研发科技公司，核心业务为智能物流运营、智能车辆开发、智能驾驶软硬件开发，为一汽解放及行业提供先进的L2~L5级商用车自动驾驶系统，向行业赋能自动驾驶及智慧物流的完整解决方案	一汽解放集团股份有限公司	智能港内集装箱卡车、水平运输车
北京经纬恒润科技股份有限公司	汽车电子供应商	汽车电子系统科技服务商，主要业务包括汽车电子、智能驾驶、车联网、新能源等领域的电子产品研发生产、工程咨询、研发工具开发、限定场景无人驾驶运营服务等	一汽解放集团股份有限公司	智能港内集装箱卡车、水平运输车

续表

名称	背景	简介	合作方	技术路线
上汽依维柯红岩商用车有限公司	无	由上汽依维柯商用车投资有限公司与重庆机电控股（集团）公司共同投资成立的重型汽车生产企业，在承继了红岩汽车40多年专业研发、制造基础上，引进了具有国际先进水平的意大利依维柯重型汽车技术，产品体系达到国内领先、国际一流水平	上汽依维柯红岩商用车有限公司	燃气智能集卡
三一海洋重工有限公司	大型港口机械制造商	三一集团下属三一国际全资子公司，产品涵盖港口机械、工程船舶、海岸工程设备三大业务板块，致力于构建一个全球数一数二的港机品牌，不断推动"港口码头智能化、工程机械上甲板，能源机械下海洋"	三一智能网联重卡	电动智能港内集装箱卡车
东莞畅行智能科技有限公司	张祖峰，军事院校硕士	在美国和欧洲设有联合实验室，在北京和苏州设有研发中心，针对客户的不同需求，提供包括前端感知、中端认知和末端执行在内的L4级别自动驾驶软硬件解决方案，包括智能插件、运动控制器、核控制器等	比亚迪（BYD）集团、吉利商用车	智能港内集装箱卡车线控改装
深圳元戎启行科技有限公司（以下简称"元戎启行"）	无	定位L4级自动驾驶全栈解决方案提供商，在深圳、北京等地均设有研发中心，核心技术团队汇集了清华、北大、剑桥、哥伦比亚、卡耐基-梅隆等国内外名校的硕博士，以及曾供职于谷歌、微软、福特等世界顶尖科技公司的研发人员	东风商用车有限公司	无人集装箱卡车（无车头）、Robo-taxi
北京斯年智驾科技有限公司	郭林栋，上海交大博士	致力于智慧物流场景落地应用，在批量化自动驾驶软硬件系统搭建和商业化运营方面有丰富的经验，技术能力覆盖无人驾驶全栈精通环境感知、决策规划、高精度定位建图、智能硬件、模拟仿真，以及边端云协作等	比亚迪（BYD）集团	港口自动驾驶

续表

名称	背景	简介	合作方	技术路线
杭州飞步科技有限公司（以下简称"飞步科技"）	何晓飞，浙江大学教授	致力于研发无人驾驶、辅助驾驶相关技术的人工智能企业，智能驾驶系统供应商与技术服务商	中国重汽集团公司	电动智能集装箱卡车
深圳市牧月科技有限公司	杨庆雄，伊利诺伊大学香槟分校博士	无人驾驶货运物流解决方案提供商，针对物流客户的不同需求，提供一整套软硬一体无人驾驶系统，包括电动货车、传感器、无人驾驶硬件系统、软件系统及高精度地图等	三一海洋重工有限公司	智能港内集装箱卡车
福建中科云杉信息技术有限公司	潘元承，伊利诺伊大学香槟分校博士	由硅谷技术团队与央企混改公司合资成立的高科技企业，总部在厦门，并在深圳和硅谷设有研发中心，在商业模式上技术与客户双驱动、产品与项目双引擎，提供车、机、路、人、网智能网联产品与解决方案	威驰腾（福建）汽车有限公司	毫米波雷达智慧港口；智能新能源牵引车

七、2020年以来港口自动驾驶商用进程明显提速

（一）主要融资事件

自2016年起中国自动驾驶领域融资逐步升温，并在2018年达到顶峰，但早期融资主要集中于自动驾驶上游企业和乘用车领域，商用车领域融资较少。从2018年起，部分资本逐渐转向需求更加明确且更易落地的商用车领域。由于港口自动驾驶市场规模不大、可复制性不高，相较于自动驾驶出租车、干线物流等万级应用场景呈现出融资数较少、融资额不高的总体特点。2019—2020年自动驾驶在港口领域的融资情况见表6-5所列。

表 6-5　2019—2020 年自动驾驶在港口领域的融资情况

融资时间	企业	轮次	金额	投资方
2019 年 9 月	深圳元戎启行科技有限公司	PreA	近 5000 万美元	复星锐正领投，金沙江资本、云启资本、Ventech China、松禾资本等跟投
2019 年 9 月	东莞畅行智能科技有限公司	PreA	近千万美元	由松禾资本领投，明势资本和清源创投跟投
2019 年 9 月	北京主线科技有限公司	A+ 轮	未披露	普洛斯 GLP、博世中国投资
2020 年 4 月	上海西井信息科技有限公司	C2 轮	过亿元人民币	安信证券、雄韬股份、浪潮投资、东凌钰达资本、上海军民融合产业投资基金、合力投资与和高资本
2020 年 6 月	北京经纬恒润科技股份有限公司	无	2.1 亿元人民币	华兴新经济基金独家投资
2020 年 11 月	北京经纬恒润科技股份有限公司	无	未披露	产业投资者包括一汽资本、恒旭资本、尚颀资本、广汽资本、北汽产投；机构投资者除华兴新经济基金、永钛海河继续加码外，新引入华业天成、中信证券投资、凯联资本、越秀产业基金、广发信德、耀途资本、朗玛峰创投，以及大兴投资集团
2020 年 11 月	北京斯年智驾科技有限公司	种子	数千万人民币	辰韬资本
2020 年 12 月	上海西井信息科技有限公司	C3 轮	数亿元人民币	中国远洋海运集团、上海科创投集团和深圳市鹏瑞集团、创研中祥资本、和高资本联合领投

（二）主要商业化事件

2017年12月，天津港举行李德毅院士专家工作站签约仪式，并与主线科技签署"港口智能装备研发发展合作框架协议"，以智能电动集装箱牵引卡车为引，在港口智能装备研发、港口智能管理、智能调度系统等领域进行全面战略合作。

2018年4月，一汽解放在青岛港前湾港区集装箱码头发布L4级智能驾驶港口牵引车与ICV（港口集装箱水平运输专用智能车）。

2019年2月，一汽解放智能港口车在京唐港成功完成了国内首次量产级别无人集装箱卡车的长时间连续作业任务，标志着智能港口车向产业化落地迈出坚实一步。

2019年6月，由招商局港口集团协同中国移动深圳分公司、华为、振华重工、三一海工、主线科技、西井科技等11家单位共同签署"5G智慧港口创新实验室"共建宣言，将开展5G业务在港口的全面应用试验，标志着5G智慧港口建设全面启动。

2020年1月，天津港实现25辆无人驾驶电动集装箱卡车全球首次实船作业测试。

2020年5月，中远海运集团、厦门远海集装箱码头有限公司、中移（上海）信息通信科技有限公司、东风商用车等联合发布《港口无人驾驶集装箱卡车性能和测试方法》企业联合标准、《5G智慧港口全业务场景落地白皮书》和《5G智慧港口实施方案和路线图》。

2020年9月底，天津港无人驾驶电动集装箱卡车在集装箱公司自动驾驶示范区实现全无人试运行，初步形成了全无人运行的示范效应，距离实际投产更进一步。

2020年10月，全球首次集装箱传统码头无人自动化改造全流程实船系统测试在天津港获得成功，实现了全球首批完全无人驾驶电动集装箱卡车商业化运营。

2020年11月，主线科技宣布向宁波舟山港完成交付13台无人驾驶卡车商业订单，并正式在港口启动多车编队实船作业。

2020年11月，全球首创的集装箱智能空轨集疏运系统签约落地山东青岛港全自动化码头，项目一期示范工程将采用智能空轨系统与AGV、IGV、无人集装箱卡车和有人集装箱卡车多种交互方式，精准对接海铁联运、中转业务、海关查验等港口业务形态。

2020年12月，天津港集团成为全球首个获批建设的港口自动驾驶示范区，并组建50辆以上规模的自动驾驶车队、建设自动驾驶车队调度管理系统、搭建港口交通云控平台、构建港口自动驾驶标准体系和制定港口自动驾驶安全管理办法。

2021年1月，天津港正式启动全球首创传统集装箱码头全流程自动化升级改造项目的全面运营，25台无人驾驶电动卡车在港口作业系统TOS的统一指令下交互作业。

2021年1月，招商局国际信息与三一海工、中科云杉在深圳举行妈湾智慧港"5G+自动驾驶"项目签约仪式，签署18台无人集装箱卡车合作。

2021年5月，西井科技与和记港口集团有限公司携手打造的全球首个AI无人驾驶集装箱卡车与人工驾驶集装箱卡车混行自动化码头项目在泰国林查班全面投入商业运营。

2021年6月，斯年智驾和宁波大榭招商国际集装箱码头有限公司签署L4级别自动驾驶商业化运营付费协议，成为港口自动驾驶在商业模式上的重要突破。

2021年10月，天津港集团、主线科技、徐工集团等合作打造的60台ART（智能水平运输机器人）正式完成交付天津港北疆港区C段智能化集装箱码头，并投入运营。

八、2025 年港口自动驾驶将实现中等规模应用

（一）主要发展趋势

1. 趋势一：自动驾驶 + 新能源

自动驾驶技术的应用能够逐步实现港口物流机器换人，且自动驾驶系统通过精准操作、策略优化可节省能源损耗，但自动驾驶的核心功能仍需无人化和智能化。自动驾驶运输车辆采用电力驱动，控制响应较传统人工车辆时间更短，且能为自动驾驶系统直接提供电源，相比燃油车效率更高，也将显著降低港口运营企业的能耗成本压力。2021 年 5 月，主线科技与宁德时代新能源科技股份有限公司（以下简称"宁德时代"）联合发布新一代人工智能电动运输解决方案，融合了自动驾驶解决方案（无人驾驶电动集卡、水平运输机器人及港口无人驾驶云服务平台）与新能源解决方案（车电分离技术、换电技术、动力电池租售业务等），体现了智慧绿色型港口方向。

2. 趋势二：5G-V2X 车路协同

港口环境封闭、场景较多且转换频繁，自动驾驶集装箱卡车需与其他运载工具、集装箱、特种作业设备等进行交互，对通信连接有低时延、大带宽、高可靠性的严苛要求，5G 网络通信将满足上述需求。同时，应用 5G-V2X 技术利于降低车辆成本，实现云端计算、智能调度和远程服务等，将更好地发挥自动驾驶的效用。根据亿欧智库发布的《中国高等级自动驾驶港口应用》，国内多数港口仍采用 4G 通信技术，单车智能在港口应用的稳定性较差，"单车智能 +V2X"将降低对通信速率的要求，可以有效减少单车搭载的传感器数量，降低单车成本。因此，针对港口场景应用，国内自动驾驶企业倾向于采用"单车智能 +V2X"技术路线。

3. 趋势三：2025 年无人驾驶车辆渗透率达 30%

从发展历程看，港口自动驾驶在 2017 年开始步入测试验证期，2020 年开始进入示范运营期，在场景相对简单与法律法规制约较小的前提下，商业模式正逐渐清晰化，2022 年进入快速成长期，预计 2025 年将实现中等规模应用。

《中国营运车辆智能化运用发展报告（2020）》显示，2025 年将实现在港区、矿区等封闭区域的无人驾驶商业化应用。具体到港区车辆的智能化运营图景，到 2025 年港区无人驾驶车辆渗透率达到 30%，实现中等规模应用；到 2030 年港区无人驾驶车辆渗透率达到 70%，实现大规模应用；到 2035 年港区无人驾驶车辆实现普及应用，渗透率达到 95%。

总之，在规模化应用之前，港口自动驾驶还需完成去安全员示范运营、车队级智能调度、无人与有人混合系统联动运营、经济性超越传统集装箱卡车和自动导引车 AGV 等关键商业化节点。而在新能源基础上的自动驾驶、叠加 5G-V2X 车路协同技术形成的解决方案及商业模式将深刻塑造港口自动驾驶未来应用图景。

（二）主要技术重点

1. 成熟可靠的自动驾驶线控底盘

线控底盘是无人驾驶车开发的基础，是成熟可靠的线控平台从 DEMO（演示样车）走向产品的关键要素之一。车辆本体应基于量产成熟车型打造或经过足够的性能和可靠性试验验证，应具备完整的感知、通信及高度自动控制功能，具备与自动驾驶、车路协同等功能的友好性与适应性。

车辆至少包含车规级的线控制动系统、线控转向系统、线控驱动系统、线控档位系统、线控驻车系统，以及灯光、雨刮、喇叭控制等；车辆具备通过 CAN（控制器局域网络总线协议）控制车辆上述线控系统的能力。为保证系统安全，自动驾驶主控制器应尽可能是满足汽车电子开发要求的嵌入式控制设备，不依赖主动排风散热和水循环冷却散热，并有满足汽车行业要求的测试报告。

2. 高安全、高冗余的自动驾驶系统

自动驾驶系统需具备多种传感器，包括但不限于激光雷达、毫米波雷达、摄像头、高精度 GPS（全球定位系统）等，不能依赖单一传感设备，在某传感器故障时能继续完成行驶任务并将故障上报后台，接收后台系统下发的作业任务；在不同载荷（包括满载、空载、半载等）、不同行驶速度下都可以

满足行驶要求、精确停车要求和平稳性要求。自动驾驶车辆可以在港口允许自动驾驶区域内任意堆场和码头面的任意车道实现装卸箱；通过直角弯道道路，可自动减速、转弯，车轮不得碰轧车道边线、隔离设施；转弯前，能够自动开启转向灯，完成转弯后，自动关闭转向灯；车辆行驶过程中，不得停顿，不得与隔离带、护栏发生剐擦、碰撞。

3. 高效率多功能的智慧调度系统

智慧调度系统在自动驾驶运营中起着至关重要的作用，向上可承接 TOS 下发的作业任务，横向打通与港机操作系统的信息传输，向下完成自动驾驶车辆作业任务下发，同时进行车辆及作业信息的上传显示，具备车队运行实况监视功能。多车运营情况下，可具备动态下发作业任务的能力，能通过高效合理的车辆调度，提高整体作业效率，发挥自动驾驶更大优势。

九、加大政策支持引导，加快世界一流港口建设步伐

（一）政策导向

世界一流、绿色、智慧、安全发展是港口建设发展主基调，我国已经明确：到 2025 年，部分沿海集装箱枢纽港初步形成全面感知、泛在互联、港车协同的智能化系统；到 2035 年，推动港区内集装箱卡车和特殊场景集疏运通道集装箱卡车自动驾驶示范，集装箱枢纽港基本建成智能化系统的发展目标，港口领域"智能化＋新能源化＋智慧化"发展趋势日益清晰。相关政策见表 6-6 所列。

表 6-6　港口领域相关国家政策情况

时间	政策名称	政策要点	发布单位
2017年1月	《关于开展智慧港口示范工程的通知》	依托信息化，重点在港口智慧物流、危险货物安全管理等方面，选取一批港口开展智慧港口示范工程建设，着力创新以港口为枢纽的物流服务模式、安全监测监管方式，推动实现"货运一单制、信息一网通"的港口物流运作体系等，示范带动我国港口信息化、智能化水平的提升	交通运输部
2019年11月	《关于建设世界一流港口的指导意见》	到2025年，世界一流港口建设取得重要进展，主要港口绿色、智慧、安全发展实现重大突破，部分沿海集装箱枢纽港初步形成全面感知、泛在互联、港车协同的智能化系统。 到2035年，引领全球港口绿色发展、智慧发展。建设基于5G、北斗、物联网等技术的信息基础设施，推动港区内集装箱卡车和特殊场景集疏运通道集装箱卡车自动驾驶示范，深化港区联动，集装箱枢纽港基本建成智能化系统	交通运输部、国家发展和改革委员会、财政部等
2020年10月	《关于招商局集团有限公司开展集装箱码头智能化升级改造等交通强国建设试点工作的意见》	原则同意开展集装箱码头智能化升级改造试点工作，包括深圳海星港码头智慧化升级改造大连港、营口港集装箱码头智慧化升级改造。 预期成果：通过1~2年完成深圳海星港智慧码头建设，并投入运营；通过3年时间完成大连港相关码头智慧化改造升级并投入运营，实现集装箱全自动作业及远程人工干预作业。海星港建设经验在大连、营口港实现示范应用，形成一套可复制推广的基于智能技术的传统集装箱码头升级改造技术体系和实施方案	交通运输部

续表

时间	政策名称	政策要点	发布单位
2020年11月	《关于完善综合交通法规体系的意见》	2035年前，推动《中华人民共和国港口法（修订）》实施，规范加强港口管理、维护港口安全与经营秩序等。21世纪中叶，完成《港口管理条例》起草并实施，主要规范港口规划、建设和经营行为等	交通运输部
2020年11月	《关于公布2020年交通运输行业研发中心认定名单的通知》	由中远海运集团牵头，上海海事大学、中移（上海）信息通信科技有限公司、厦门远海码头等单位共同参与的"自动化码头技术交通运输行业研发中心"获得认定。研发中心将重点开展关键技术攻关、重大装备研发和成果转化应用等产学研用合作，加快形成自动化码头技术、装备和服务能力的示范效应	交通运输部
2020年12月	《关于促进道路交通自动驾驶技术发展和应用的指导意见》	到2025年，建成一批国家级自动驾驶测试基地和先导应用示范工程，鼓励在港口等环境相对封闭的区域开展自动驾驶载货示范应用。鼓励探索自动驾驶车辆载人载物测试和试点示范。研究自动驾驶车辆营运条件及管理办法，探索建立自动驾驶营运车辆运行安全监管体系。鼓励有条件的区域探索制定自动驾驶新业态管理办法。鼓励企业、联盟等制定团体标准	交通运输部
2021年11月	《关于组织开展自动驾驶和智能航运先导应用试点的通知》	试点领域：支持在干线物流、港口集疏运等场景开展货车编队运行试点示范，实现车辆编队行驶；探索自动驾驶客车、货车在公路场景的应用；鼓励港口开展无人集卡自动驾驶示范，实现码头集装箱搬运、堆砌自动化作业；支持港口探索集吊装、运输、装卸、搬运一体化综合方案，实现自动驾驶集装箱运输与自动化装卸的无缝衔接	交通运输部

续表

时间	政策名称	政策要点	发布单位
2022年8月	《关于公布第一批智能交通先导应用试点项目（自动驾驶和智能航运方向）的通知》	同意将上海港港区集装箱水平运输与港口集疏运自动驾驶先导应用试点、厦门远海码头集装箱水平运输自动驾驶先导应用试点、妈湾港集装箱水平运输自动驾驶先导应用试点、天津港集装箱水平运输自动驾驶先导应用试点等四个港口区域集装箱自动驾驶项目作为第一批智能交通先导应用试点项目。	交通运输部

（二）相关建议

从政策导向看，"技术攻关＋示范应用＋监管机制＋制法修法"等政策指导框架逐步完善，下一步重在落地，并与产业化发展进程相匹配。

一是以港口企业为主体，引导开展一批产学研用企联合创新攻关计划，引导港口、自动驾驶、新能源、工程机械、汽车制造、信息通信、科研院所、保险公司等上下游产业主体开展"智能化＋新能源＋智慧化"的产业化融合创新。

二是建议参照新能源汽车"十城千辆"的推广应用策略，遴选一批沿海沿江重点区域的集装箱港口开展自动驾驶示范应用试点，并按比例给予配套资金支持，提高地方政府和港口企业的积极性，加速世界一流港口建设。

三是率先出台包括港口在内的封闭低速场景自动驾驶营运车辆、工具准入管理办法，或支持地方省市开展港口自动驾驶试点营运条件、设备管理、运维升级、安全监管、责任认定等政策创新探索，支持协会、学会、企业等联合制定团体标准的应用，并在此基础上尽快形成行业基础性标准，降低行业整体试错成本。

四是加快推动《中华人民共和国港口法（修订）》实施与《港口管理条例》起草、实施，为港口自动驾驶商业化应用提供必要的法律保证，为自动驾驶商业化应用向复杂场景拓展提供实证案例。

第七章　自动驾驶在社区领域的商业化应用

　　据数据统计，截至 2022 年上半年，我国互联网购物用户规模超 8.4 亿，占整体网民近八成，互联网购物消费交易规模超过 42.93 万亿元/年。同时，受新冠肺炎疫情影响，市场不断自适应调整，线下门店交易大幅收缩，自 2020 年下半年，以互联网电商平台为主的线上新型消费迅速补位。以社区为核心，消费电商市场下沉，构建了新的"互联网+本地化"的消费商业模式，互联网平台下单到送货上门、社区团购正进一步成为人们消费的新方式。

　　用户消费习惯的变化催生了新的消费模式，扩大了互联网消费市场规模，促进了消费种类的多样化，同时对物流配送的高效性和时效性提出了更高的要求，末端形成的高频、碎片化商品配送需求的巨大神经网络不断扩大。目前，快递和外卖的"最后一公里"末端配送主要采用"人力+车"的服务方式，即时配送的高成本、定点自主取件的低效率和高效配送的安全性逐渐成为社会的聚焦点。同时，消费电商的市场下沉，即时配送从同城物件、餐饮外卖领域切入，逐步拓展到生鲜、商超配送领域，未来必将扩展到更广泛的快递末端领域，并以服务体验抢占市场前沿。非即时配送和自主取件的方式将无法满足市场的服务需求。在此背景下，自动驾驶技术和产品在社区商业领域的高效率和低成本的优势将主要体现在末端无人配送体系上，突显在解决末端配送"最后一公里"的社会矛盾中，同时在安防巡逻、卫生清洁等领域也将发挥重要作用。

据粗略统计，我国约有 60 万个居民小区，无人配送总体市场规模至少在 3000 亿元～5000 亿元。因我国人居环境的特殊性（根据《城市居民社区规模分级分类标准》我国城镇社区（小区）的 500 米之内居住人口在 15 000～25 000 人），城镇社区中可形成末端商业体和服务基点。自动驾驶在社区（或小区）的未来是构建以自动驾驶设施设备为核心的共享运力配送基础设施，重构末端配送和商业服务基础体验，在人群消费集中处形成一个高度扁平化和直面用户的基础服务体系。

一、末端物流无人化商业雏形

近年来，我国的快递和即时配送行业在高基数下迎来了高速增长，快递与即时配送业务增长迅猛，2019 年快递业务量达到 635 亿件，即时配送订单量也达到 185 亿单，不断增长的业务量产生了更大的末端配送运力需求。在庞大的市场体量和高增长的诱惑下，各大快递和同城送业务企业借助人工智能的技术优势，正纷纷围绕社区、园区等布局智能化、自动化的末端配送体系。

（一）京东集团物流智能无人配送体系

京东集团（以下简称"京东"）2016 年启动自动驾驶无人配送车产品研发，探索打造智能无人配送端，进一步完善智慧化物流体系，并于 2016 年 9 月 1 日正式发布。2016 年"双十一"期间，完成无人车配送首单试运营。2017 年京东无人车投入日常配送运营，并陆续在长沙、厦门、贵阳、呼和浩特等城市建立了智能无人配送站，在园区、社区等场景投放 L4 级智能无人配送车（如图 7-1）近百台。从 2019 年下半年开始，京东在通州的物资学院及房山等地进行了人车混行的开放道路的测试与运营。此外，京东还与江苏省常熟市合作建设全球首个"无人配送城"，这一城市级无人配送项目已正式落地运营。

图 7-1　京东物流智能无人配送车

（二）北京三快在线科技有限公司无人配送开放平台

2019年5月，北京三快在线科技有限公司（以下简称"美团"）正式推出新品牌"美团配送"，并宣布开放配送平台，主要针对便利店、传统商超、近场零售、写字楼等不同场景，形成4种运力网络模式，分别为点对点网络的"巡游模式"、星形网络的"星系模式"、前置小仓+配送的"仓配一体模式"、配送+智能末端的"智能末端模式"。

即时配送业务的骑手需求达数百万名，人力成本超千亿元。根据美团2021年第四季度及全年业绩，其单日峰值订单量突破5000万单，美团骑手成本约为682亿，每单成本约为4～5.5元。目前骑手平均每天送出45～75单，按照2022年需求业务总量8000亿单计，计365天，则即时配送业务需要500万名全职骑手才能满足业务需求。开放平台将着力利用人工智能和自动驾驶技术手段，提升末端外卖配送的效率，降低成本，同时提升服务体验。

（三）阿里巴巴集团与菜鸟网络科技有限公司末端无人配送体系

2016年9月，菜鸟E.T.物流实验室便推出了"小G"末端配送机器人。2017年9月，菜鸟E.T.物流实验室发布"小G 2代"，2018年，菜鸟E.T.物流实验室研发的无人物流车"小G plus"进行了路测（如图7-2），并在菜鸟网络科技有限公司主办的"2018全球智慧物流峰会"上亮相。菜鸟网络科技有限公司宣布打造"无人车+无人机"立体智慧物流网络，并在全国对站点进行数字化升级，在杭州、上海、天津、成都等多地驿站常态化运营。

图 7-2 小 G plus 无人物流车路测

2020 年 9 月，阿里云栖大会上发布了第一款轮式物流机器人"小蛮驴"，计划在社区、学校、办公园区大规模使用，进一步补充菜鸟物流体系的智能无人化进程。

（四）江苏苏宁物流有限公司推出无人物流"技术+场景"

2018 年 7 月，百度 Apollo 自动驾驶开放平台与江苏苏宁物流有限公司（以下简称"苏宁物流"）合作的无人驾驶小车亮相，双方共同发布了合作计划，通过智能科技设备与智慧零售场景、物流应用场景的深度联动，将实现"仓—机—车—柜"的全流程的无人闭环。在智能社区（无人配送小车+自提柜）、本地生活即时配送（苏宁小店+无人配送小车）、移动分拨（无人分拨车+固定线路）上实现自动驾驶技术的普及化应用和无人车的规模化量产。

依托可以 24 小时全天候服务的即时配送快递车（如图 7-3），苏宁易购计划在全国开设 20 000 家苏宁各业态门店，苏宁物流也将围绕苏宁小店 3 公里的辐射范围，开展即时配送、夜间准时配送等业务。

图 7-3 苏宁物流无人快递车

（五）上海拉扎斯科技信息公司外卖无人配送计划

上海拉扎斯科技信息公司（以下简称"饿了么"）的未来物流战略：智能调度＋人机配送＋无人配送，打造"未来物流"即时配送体系，着力研发无人配送产品。2017 年，饿了么未来物流团队打造的首个智能外卖机器人"万小饿"（如图 7-4）首次出现在上海虹桥万科中心。

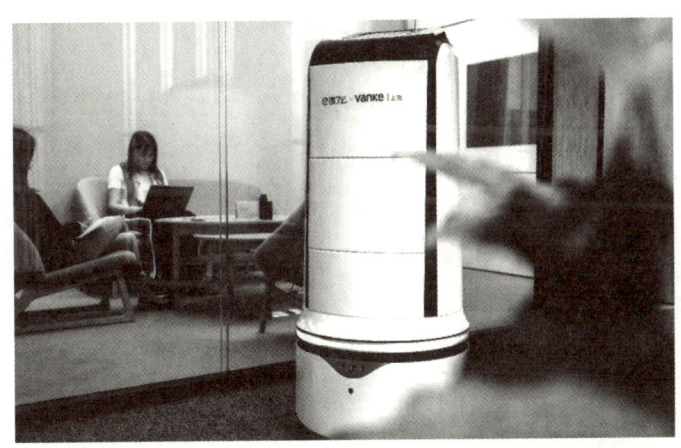

图 7-4 饿了么智能外卖机器人"万小饿"

（六）长沙行深智能科技有限公司开发多款无人驾驶产品，助力多场景客户

2018—2019 年，长沙行深智能科技有限公司（以下简称"行深智能"）

开发了超影、翻羽、奔霄几款适用于末端物流配送、厂区物流配送的无人驾驶物流车产品，并配合京东、中国邮政、富士康、乐天等国内外知名企业开展相应场景下的无人配送服务。

2019年，行深智能为中国邮政定制打造无人物流车——翻羽1000C，助力中国邮政打造末端"最后一公里"无人配送解决方案，并在浙江德清、湖北仙桃、北京、雄安新区等地实现场景化运营（如图7-5）。

图7-5 行深智能-中国邮政无人物流车运营场景

2018年12月至今，行深智能助推深圳富士康智慧工厂"无人化"，升级重构厂区物料配送基础网络，投放了超影1000C和奔霄4000G等车型（如图7-6）进行作业运营，取得了良好的经济效益。

（a）超影1000C　　　　　　　　　　（b）奔霄4000G

图7-6 行深智能超影1000C和奔霄4000G无人物流车

2020年初，随着企业陆续复工复产，行深智能联合长沙经开区内的食堂推出无人车送餐新模式，每车每趟最多配送200份餐食，实现全程的"无接触配送",并推广应用到苏州高铁新城、芜湖华康医院等地。

(七)新石器慧通(北京)科技有限公司重构人货场的新零售服务模式

科技融合推动消费变革,新石器慧通(北京)科技有限公司(以下简称"新石器")的无人零售车高峰时日单量超过 300 单,交易额超 3500 元,年利润 25 万元。2020 年 2 月,新石器无人车携手湖北移动,进入武汉雷神山医院配合医护人员进行无接触防疫喷洒消毒工作,并为医护人员提供医疗物资运输服务;2020 年 3 月,新石器无人车携手湖北移动联合支持人民日报社、新华社的在线直播活动,在疫情防控期间完成全球首次无人车直播;2020 年 7 月,一辆装着 200 份套餐的"无人餐车"现身上海张江科学城。

二、典型的工程化落地应用

无人配送在新冠肺炎防控中得到了广泛的应用。各家自动驾驶无人配送车轮番上阵,代替人工解决疫情防控中面临的种种问题,在助力复工复产方面发挥了积极作用。同时,自动驾驶无人配送车的应用催生了对末端无人配送服务市场的提前认可。

各大行业龙头企业纷纷针对各自商业场景,针对物流节点末端的不同客户群体提供适应性的配送方式,研究降本提效的有效手段,同时解决无人配送节点繁多的问题,具体体现在以下两方面:一是类人模式,自动驾驶无人配送车从源头取代外卖、快递配送员;二是接驳模式,自动驾驶无人配送车成为社区物流基础设施,接驳快递完成末端配送。

目前无人配送行业仍处于初期发展阶段,模式也存在一定局限性。首先,无人配送技术易受环境天气因素影响;其次,出于隐私及安全考虑,社区及用户对于无人配送的接纳程度及服务反馈仍需研究;再次,无人配送流程中对于配送设施的保护也应纳入考虑范围。这需要政府、社会、企业三方共同合作。

在行业推广规模化应用的路上,各大企业聚焦于自动驾驶解决末端无人配送问题，仍在按照各自的场景需求或既定方向发展，稳步进行技术研究突破和商业场景探索。随着无人配送技术的不断成熟，无人配送必将成为物流"最后一公里"高效便捷配送的重要方式。

（一）美团

2020年2月初起，美团无人车团队和美团买菜团队联合作战，在72小时内就完成了美团买菜无人配送项目从初步沟通到项目落地，并在实际配送场景中多次对车辆进行技术升级，使得无人配送车在新冠肺炎疫情防控中发挥实际用途，解决食材需求、骑手空缺、感染风险等问题。

2020年年初，美团无人配送落地顺义，获得当地政府大力支持。2020年9月，顺义区政府再次创新监管方法，公示美团无人配送测试路线和方案，支持无人配送设备在指定区域指定时间运行，为每一辆无人配送车明确了安全责任人。这一行业重大突破，为末端即时配送带来曙光。10月底，美团无人配送车已覆盖顺义15个社区及周边路线，持续配送近270多天，累计订单数超过1万单，无人车订单占人车总订单60%以上，基本实现了区域常态化运行。

美团计划与顺义一起推动低速无人配送规模示范，3年内在顺义区部署1000台自动驾驶配送车，实现全区域、全天候的运营。

（二）京东物流集团

京东物流集团（以下简称"京东物流"）CEO（首席执行官）王振辉在2020全球智能物流峰会上宣布，京东物流将持续强化物流科技投入，在技术应用上，未来5年内将投放、使用无人配送车超过10万台。其在2020年9月发布了一款自动驾驶物流车量产产品——DIDO（如图7-7），旨在解决"最后一公里"配送难题。DIDO依托L4级自动驾驶技术，整个配送过程实现完全无人化，全面满足社区、园区物流配送需求。车辆还搭载2.25立方米货箱，可进行快速装卸更换，满足多种物流场景使用需求。

2019年下半年起，京东自动驾驶物流车就在全国各地开始在开放道路上试运营没有安全员跟随的模式，目前城市级无人配送项目已经在常熟落地运营，京东物流与江苏省常熟市合作，将探索打造全球首个"无人配送城"。

图 7-7 京东物流自动驾驶物流车——DIDO

（三）阿里巴巴集团和菜鸟网络科技有限公司

早在 2016 年，菜鸟网络科技有限公司（以下简称"菜鸟"）便推出了"小G"末端配送机器人，2020 年 9 月，阿里达摩院在云栖大会上又推出物流机器人——"小蛮驴"。此后，菜鸟和达摩院基于阿里巴巴集团（以下简称"阿里巴巴"）的菜鸟物流体系，携手推进末端智能无人化配送进程。2020 年"双十一"，在浙江大学，小蛮驴领衔的 22 台自动驾驶配送车进入浙江大学紫金港校区，首次尝试大规模的无人配送，承担起浙大菜鸟驿站 3 万多件包裹的送货上门服务。最终，22 台自动驾驶配送车送了 5 万多件包裹。按每件包裹 20 分钟的时间成本计算，为学生节省了近 1.7 万小时取件时间。

同时，阿里达摩院推出了自研的自动驾驶机器学习平台 AutoDrive，在这个平台上，机器会替代人工进行算法调参、模型优化，让 AI 模型可以在数据中实现循环迭代和进化，更加智能、高效地解决长尾问题。

（四）长沙行深智能科技有限公司

行深智能 2017 年成立，致力于末端智能无人化的配送场景，具备出色的技术能力，不仅研发不基于开放平台（如：Apollo、ROS）的全自主自动驾驶软、硬件体系架构，同时自研自动驾驶核心异构计算平台，处于行业的技术领先水平。它一直与中国邮政、京东物流、美团等国内巨头企业开展战略合作，为各大企业相关领域实现末端的智能无人配送场景提供产品和技术支持。

公司先后推出的具备 L4 级自动驾驶产品包括超影、翻羽、奔霄、布衣等系统智能无人配送车。其中，绝地系列的绝地 3000 H 无人配送车（如图 7-8）是第五代高性能可靠车型，具备 L4 级自动驾驶能力，车身采用车柜分离模块化设计，可根据客户需求搭载不同定制化货箱。根据使用场景，"绝地"无人车可分为运输型、零售型、快递型、定制型等，适用于校园、景区、园区、社区等场景的快递配送和无人移动零售、厂区物料运输等。

图 7-8　绝地 3000 H 系列无人配送车

2020 年，该公司将关注点放在末端配送领域的无人化上，在社区、园区、景区、厂区四大场景开展应用探索，配合不同客户在武汉龙灵山景区、盐城聚龙湖公园等地开展智慧景区移动新零售服务，在江汉大学、湘潭大学等地开展智慧校园无人配送服务，同时与中国工商银行共同探索社区、园区智慧银行等场景应用。

（五）深圳一清科技有限公司

2020 年 12 月 19 日，深圳一清科技有限公司（以下简称"一清科技"）与佛山市奥科奇清洁设备科技有限公司签订战略合作协议，就推动环保设备智能化、无人化达成共识，共同拓展自动驾驶扫地车相关产业升级，促进企业整合创新，构建智能清扫设备合作生态圈。

其低速无人驾驶快递物流车、低速无人驾驶物料运输车（如图7-9）、低速无人驾驶载人接驳车（如图7-10）、自动驾驶安防监控车正在不同场景下测试应用。

图7-9　一清创新低速无人驾驶物料运输车车

图7-10　一清创新低速无人车载人接驳车

（六）北京智行者科技有限公司

北京智行者科技有限公司（以下简称"智行者"）是业内同时具备开放L4技术能力及限定区域L4技术落地能力的无人驾驶企业，核心团队均来自清华大学汽车工程系，技术能力业界顶尖，自研的无人驾驶车辆累计测试里程已超过数百万公里，位列国内无人驾驶初创企业前列。

限定区域内的L4级技术落地产品主要是环卫机器人——"蜗小白"，主要解决社区、商场、仓库、医院、机场等场景的地面清洗问题，于2018年启动量产。新冠肺炎疫情防控期间，蜗小白出口到美国、俄罗斯、日本、德国、沙特等国。截至目前，其已在全世界超过2800个场景实现常态化运营。

（七）新石器慧通（北京）科技有限公司

新石器是无人车暨服务提供商，致力于以科技打造未来智慧城市生活方式。它汇聚自动驾驶、5G车联网、智能硬件和无人车超级工厂，并已在北京、上海、广州、深圳、西安、厦门等30多个城市，以及德国、瑞士、新加坡、阿联酋、沙特阿拉伯、泰国6个海外国家落地，聚焦数百个办公园区、CBD核心区和公园、校园等应用场景，通过L4级无人车为消费者提供触手可及的智慧服务。

2020年，该公司打造移动新零售，重构"人货场"。如新石器无人车（如图7-11）在上海的办公区，每天早上都能卖出200多份早餐，销售火爆。而在早餐之后，无人车还能依次驶往供应午餐、下午茶和宵夜等服务的商家，继续装载商品进行销售，24小时无人化持续创收。

图 7-11　新石器无人车

（八）毫末智行科技有限公司

毫末智行先挂有限公司（以下简称"毫末智行"）规划发展路径是"汽车主机厂＋科技公司"模式，将传统汽车行业和科技公司二者之间的行业壁垒转化为优势，实现互补，从三个方面不断优化产品和技术能力：一是自研域控制器、优化 E/E 架构；二是完备的全冗余方案，保障安全；三是一边自我造血，一边进行数据能力迭代。按照从低速到高速、从载物到载人、从商用到民用的规律向前发展，利用成本和规模优势，基于数据智能，从乘用车、低速无人车生态平台和智能硬件三个方向进行布局。

三、解决末端物流领域矛盾及问题

对无人配送的期待与关注已经从学术界、工业界向应用市场蔓延。从"最后一公里"末端物流的应用场景入手，推进无人配送技术的落地，也被认为是一条切实可行的演进道路。

（一）极大解决末端物流运力不足问题

国家统计局数据显示，我国出生人口从 2016 年的 1786 万断崖式下滑到 2019 年的 1465 万，2030 年预计将不足 1100 万，少子化、老龄化速度加快并日趋严峻；劳动力规模持续萎缩，据预测 2050 年将比 2019 年大幅减少 23%。与之相反，全国快递总量一直逐年攀升，2020 年快递总量达 1083 亿件。

就末端配送来说，电商的快速发展让快递、外卖的人力支出成为各平台的重要支付成本。单纯依靠人工进行货物配送已经无法完全解决当下物流配送"最后一公里"所面临的问题。且随着劳动力供给萎缩，快递人工缺口日益增大，人力资源和社会保障部 2021 年报告显示，同城配送人员的缺口达 3000 万人。无人驾驶配送机器人作为定位于末端配送的运力工具，一旦广泛运用，将极大地补充末端物流的运力需求。

（二）为物流行业降本增效

随着国民经济的发展及快递从业人员供需关系的发展，配送行业劳动力价格上涨较为明显，国家统计局数据显示，我国 2014 年到 2019 年 5 年内青年劳动力平均工资水平增长近 150%，末端物流成本也逐年攀升。自动驾驶配送方式因不用休息的优势，结合可控的车辆成本、创新的运营模式，可以一定程度上控制物流成本，并提高配送效率。

（三）配送过程的可控可观，实现全流程数字化，优化末端配送管理

目前，近千万的物流从业人员队伍管理成本较高，且高强度的户外作业易出现安全风险，无人配送机器人可以实现配送全过程的可控可观，降低管理难度。

（四）改善从业人员作业环境，解放生产力，改变就业结构

大部分的物流从业人员作业环境比较艰苦，他们需要忍受寒冷、高温、暴晒甚至极端恶劣天气，同时线路单一、工作枯燥。无人配送机器人可以不惧风雨、不怕疲惫、不挑环境，全天候全过程常态化实现货物运输。从业人员只需要完成室内的上卸货即可，结合 AR 技术还可实现多台车运行状态的远程监控，将从业人员从低附加价值的体力劳动中解放出来。同时，智能经

济短期内对简单体力及脑力劳动者冲击较大，因此必然会产生新的就业需求，如无人驾驶虽减少对司机的需求，但却急需车辆生产和维护方面的人员。

（五）末端配送高度扁平化、配送方式智能化

以自动驾驶为载体实现智能化的配送将重视行业的最底端——末端配送领域，对产业链的带动作用十分明显，将提升配套产品的软硬件能力，扩大上下游产业链的市场规模，升级传统车企的智能制造。此外，自动驾驶还对交通出行、信息服务等领域产生联动效应，促进新模式、新业态、新经济等新型消费的发展。

四、行业初期发展阶段面临的困境

（一）测试场景局限

自动驾驶服务于末端无人配送的产品和技术仍处于研发试验和场景探索的阶段，目前仅在部分地区、路段进行了小范围的测试，以及在道路状况并不是特别复杂的工业园区进行了核心部件测试。

（二）成本居高难下

行业发展初期阶段，成本高是挡在自行研发应用无人车的企业面前的第一道门槛，线控底盘、激光雷达、计算平台占整个制车成本的60%～70%，合计15～18万元，即整车制造成本至少在20~25万元，但目前市场期望产品价格普遍低于这一水平。

（三）不完善的行业法律体系

针对无人配送车行业的相关文件指引只涉及技术标准层面，还未延伸至行驶过程中的法律、法规及政策，行业法律体系亟需完善。例如中关村智通智能交通产业联盟发布并实施的《服务型电动自动行驶轮式车技术要求》（T/CMAX 1172018），主要适用于货物配送、餐饮配送、道路清洁、监管巡逻的服务型低速无人车的研发与试验；在对相关车型进行定义的同时，也对自动行驶能力、通信安全能力等关键项目规定了技术要求及试验方法。在此之前，配送机器人和服务型电动行驶轮式车在国内没有技术标准或运营许可。

五、行业的标准化进程

2018 年，中关村智通智能交通产业联盟发布《服务型电动自动行驶轮式车技术要求》（T/CMAX 117—2018）用于指导提供货物配送、餐饮配送、道路清洁、监管巡逻及具备自动行驶功能的低速电动轮式车的研发与测试环节。

具备自动行驶功能的低速电动轮式车辆，在无人类主动操作的情况下，能够在道路上自动、安全行驶，进行货物配送、道路清洁、监管巡逻等工作。自动行驶功能指在某一时段内，不需要远程操作员遥控的情况下，主动避障、自动行进、自动变速、自动刹车、自动监视周围环境、自动转向，并具有自动信号提醒功能等。

服务型电动自动行驶轮式车主要尺寸限值见表 7-1 所列。

表 7-1　服务型电动自动行驶轮式车尺寸限值

项目	尺寸／毫米
整车长度	≤ 3000
整车宽度 a	≤ 1000
整车高度 b	≤ 1500

a：所有部件及箱体的横向尺寸（清扫刷尺寸除外）
b：车体顶部最高处至地面的距离（传感器支架及暴露在外的传感器除外）

2020 年，中关村智通智能交通产业联盟发布《服务型电动自动行驶轮式车道路测试能力评估内容与方法》（T/CMAX 21001—2020）。标准适用于对申请道路测试的服务型电动自动行驶轮式车自动驾驶能力的评估，评估结果可作为自动驾驶车辆进行道路测试的依据。测试项目及测试场见表 7-2 所列。

表 7-2　测试项目及测试场

序号	专项	专项编号	测试场	测试场编号
1	交通标志和标线的识别及响应	LRZ01	限速标志识别及相应	LRZ0101
			禁止驶入标志识别及响应	LRZ0102
			停车让行标志识别及响应	LRZ0103
			非机动车车道标志标线识别及响应	LRZ0104
			车道线识别及响应	LRZ0105
			人行横道线识别及响应	LRZ0106
2	交通信号灯的标识及响应	LRZ02	机动车信号灯识别及响应	LRZ0201
			非机动车信号灯识别及响应	LRZ0201
			移动交通信号灯识别及响应	LRZ0201
3	行人和非机动车的识别及响应	LZH01	锥形桶识别及响应	LZH0101
			机非隔离护栏识别及响应	LZH0102
			升降杆识别及响应	LZH0103
			减速带识别及响应	LZH0104
4	行人和非机动车的识别及响应	LZH02	行人横穿道路识别及响应	LZH0201
			非机动车横穿道路识别及响应	LZH0202
			行人通行识别及响应	LZH0203
			非机动车通行识别及响应	LZH0204
			行人静止识别及响应	LZH0205
			非机动静止识别及响应	LZH0206
5	前方车辆行驶状态的识别及响应	LZH03	静止车辆识别及响应	LZH0301
			前方低速车辆识别及响应	LZH0302
			前方车辆驶入识别及响应	LZH0303
			对向车辆借道行驶识别及响应	LZH0304

续表

序号	专项	专项编号	测试场	测试场编号
6	自动行驶	LZH04	起步	LZH0401
			坡道停车和起步	LZH0402
			湿滑路面行驶	LZH0403
7	靠路边停车	LZH05	靠路边停车	LZH0501
			路边行人静止与通行	LZH0502
			路边非机动车静止与通行	LZH0503
8	交叉路口通行	LZH06	直行通过路口时与车辆冲突通行	LZH0601
			直行通过路口时群体行人冲突通行	LZH0602
			直行通过路口时非机动车冲突通行	LZH0603
			右转通过路口时车辆冲突通行	LZH0604
			右转通过路口时行人冲突通行	LZH0605
			右转通过路口时非机动车冲突通行	LZH0606
9	自动紧急制动	LZH07	自动紧急制动	LZH0701
10	人工接管	LZH08	系统无法处置场景	LZH0801
			紧急情况预警	LZH0802
			现场人工接管紧急制动	LZH0803
			现场人工接管及接管后的可损伤性	LZH0804
11	远程操控	LZH09	远程紧急制动	LZH0901
			远程接管及接管后的可操控性	LZH0902
12	联网通信	LZH10	车路通信检测	LZH1001
			车车通信检测	LZH1002
13	稳定性	LZH11	单车测试	LZH1101
			多车测试	LZH1102

六、行业市场格局

据国家统计局数据显示，2021 年，全国快递业务总量为 1083 亿件（同比增长 29.9%）。

同时，新冠肺炎疫情促进了消费电商市场下沉（如："美团优选""兴盛优选""橙心优选"等），"互联网＋本地化"的新型消费模式日益成为人们消费的新方式，催生了巨大的末端配送服务市场。

全国快递外卖、短链物流量将持续激增，预计至 2025 年末端物流配送需求将达到 10 亿件/日，末端配送人员需求量 1000 万人以上，传统的"人力＋车"的末端配送方式已不可能满足如此大的市场配送需求。因此，以自动驾驶技术为核心，构建共享运力配送新型基础设施，重构末端配送方式已是必然，目前国内形成了以各大互联网商业巨头和末端无人配送初创公司为主线的市场格局。产品和基本应用情况见表 7-3 所列。

表 7-3　产品和基本应用情况

企业	相关产品	应用概况
阿里巴巴网络技术有限公司	菜鸟小 G 系列	2015 年年底，阿里菜鸟网络组建 "E.T. 物流实验室"，自主研发前沿科技；2019 年在成都未来园区落地
	达摩院小蛮驴	2017 年 10 月，阿里达摩院成立；2020 年 9 月，小蛮驴无人车首次推出，之后在浙江各大校区园区落地应用
百度在线网络技术（北京）有限公司	Apollo 物流车	2018 年，百度联合新石器发布"新石器 AX 1"无人驾驶物流车，并在常州、雄安等地落地运营
北京三快科技有限公司	小轻曼舞	2016 年开始研发无人配送，内部产品已经迭代到第五代；2018 年在雄安新区正式投入试运营
新石器慧通（北京）科技有限公司	新石器无人零售车	2016 年开始研发无人车，目前已经在北京、上海、广州、深圳、西安和厦门等地，以及新加坡、德国、瑞士、阿联酋、沙特阿拉伯和泰国等国的几百个办公园区、公园、校园，CBD 核心区落地应用

续表

企业	相关产品	应用概况
白犀牛智达（北京）科技有限公司（以下简称"白犀牛"）	白犀牛无人配送车	2019年，在北京智能驾驶示范区测试，开始常态化运营路测；2020年，协助武汉光谷方舱医院运送药物物资
驭势科技（北京）有限公司	E无人物流车	2019年，驭势科技携手上汽通用五菱在宝骏基地开展无人物流常态化运营，在香港国际机场实现常态化运营，成为世界首个机场无人驾驶物流车（E无人物流车）运营项目
长沙行深智能科技有限公司	绝地无人配送车	2018年，行深智能无人配送车上路，成为市面上最先上路的无人配送车，绝地系列无人车投放景区、园区、厂区、校园等运行
中国邮政集团公司	汉马无人投递车	2019年6月，中国邮政研发的无人投递车在北京进行测试和实验工作；同年9月，中国邮政自主研发的智能无人投递车在湖北省仙桃市投入商业运营
北京京东物流有限公司	京东无人配送车	2020年2月，京东物流的无人配送机器人完成在武汉的首单配送，将医疗和生活物资从京东物流武汉仁和站运送至武汉第九医院
北京智行者科技有限公司	蜗必达无人物流车	2017年，该公司进驻清华大学开始无人配送车运费常态化测试；2019年，完成了1257公里外远程操控的"送咖啡"的壮举，轰动业界内外
深兰科技（上海）有限公司	小蚂哥无人配送物流车	2018年年底，小蚂哥无人配送物流车实现大规模落地，日配送曾超1000单
深圳优地科技有限公司	优地配送机器人	目前优地配送机器人业务遍布北京、上海、广州、深圳、东莞、杭州、重庆等地，并与美团合作餐饮配送业务
德邦物流股份有限公司	小D Plus	2020年11月，德邦快递无人车小D Plus进驻广东财经大学华商学院，为在校学生提供无人智慧快递服务。

续表

企业	相关产品	应用概况
苏宁物流有限公司	小 Biu 机器人	2019 年 2 月，苏宁物流与苏宁小店协同，围绕 3 公里即时配送业务组建无人配送保障小组，苏州是无人车配送的第一站
深圳一清创新科技有限公司	夸父系列无人物流车	2020 年，该企业自主研发的无人物流车"夸父"在山东某市区运送蔬菜，在深圳坪山也有落地应用
北京真机智能科技有限公司	小黄马无人配送机器人	2016 年，该企业第一代产品上线，目前已迭代到第五代，并服务于 90 多家客户；2020 年，其无人机器人系列投入新冠肺炎疫情防控一线，其中就包括无人配送机器人
深圳市易成自动驾驶技术有限公司	易达系列	2017 年成立至今，易系列 L4 作业车已经实现常态化运营，2020 年进行了 L4 级无人车超车演示

七、重大或典型事件

（一）融资事件

诺鲁（NURO）公司总融资超过 15 亿美元，A 轮主要投资商有高榕资本投资管理（深圳）有限公司（第一轮领投）、硅谷顶尖的风险投资机构格留洛克（Greylock Partners）公司（第二轮领投）、网易创始人丁磊个人投资，B 轮主要投资商有软银集团，C 轮主要投资商由投资机构普信（T. Rowe Price）集团领投，特斯拉（上海）有限公司的重要机构股东美国富达投资集团、百利亚洲（香港）有限公司、软银愿景基金一期等新老投资者跟投。

2018 年 4 月，新石器获得北京车和家信息技术有限公司和元禾原点创业投资管理有限公司（以下简称"元禾原点"）的天使轮融资；2019 年 5 月，获得上海云畔投资管理有限公司（以下简称"云启资本"）、上海耀途投资管理有限公司（以下简称"耀途资本"）的近亿元人民币 A 轮融资；2020 年

2月完成近 2 亿元人民币的 A+ 轮融资，由北京车和家信息技术有限公司领投，毅达股权投资基金管理有限公司和老股东云启资本、耀途资本跟投，腾达资本有限公司担任本次交易的财务顾问，融资主要用于无人车的量产和落地运营。本次 A+ 轮融资后，北京车和家信息技术有限公司扩大了持股比例，成为新石器继 CEO 余恩源之后第二大股东。

2017 年 8 月，行深智能获得京东物流数千万人民币天使轮融资；2019 年 1 月，获得北京险峰华兴投资咨询有限公司（以下简称"险峰长青"）、千山资本管理有限公司（以下简称"千山资本"）Pre-A 轮投资；2010 年 10 月，获得盐南人工智能产投基金 A 轮投资。

2018 年 8 月，一清科技获得深圳市东方富海投资管理股份有限公司（以下简称"东方富海"）的种子轮融资；2020 年 2 月，获得联想创投集团的 Pre-A 轮融资。

2020 年 3 月，白犀牛宣布获得上海辰韬资产管理有限公司的追加投资，融资金额未透露，融资主要用于产品研发和落地运营。

2016 年 7 月，智行者获得臻云智能（北京）投资管理有限公司和英诺天使基金 100 万元人民币的天使投资；2017 年 6 月，获得北京顺为资本投资咨询有限公司（以下简称"顺为资本"）和京东近亿元的 A 轮融资；2018 年 4 月，相继获得百度领投，顺为资本、京东跟投的 B1 轮融资和广发信德投资管理有限公司（以下简称"广发信德"）、盈峰资本管理有限公司（以下简称"盈峰投资"）和昌平科技产业母基金的 B2 轮融资；2020 年 5 月，获得数千万美元的 C1 轮融资，厚安创新基金（HOPU-Arm Innovation Fund）领投。2020 年 9 月完成数亿人民币的 C+ 轮投资，投资方包括北京新鼎荣盛资本管理有限公司（以下简称"新鼎资本"）、禹州华夏未名健康产业基金（以下简称"华夏未名"）等投资机构。

（二）应用事件

2020 年 9 月，阿里云栖大会上发布第一款轮式物流机器人"小蛮驴"，计划在社区、学校、办公园区大规模使用；10 月，阿里巴巴在浙江大学紫金港校区建立了由 22 个机器人分组成的阿里小蛮驴车队，小蛮驴在上岗之后的 11 天内完成了校园内 3 万件包裹的配送，范围遍布校区内的 27 栋楼，累计节省取件时间近 1 万小时。

2020 年 10 月，京东物流宣布与常熟合作打造全球首个无人配送城，目前已在常熟市区无人配送车 30 多台，包含 5 种车型，可满足不同场景的配送需求，并计划年内投用近百台。另外，京东计划未来 5 年投用无人配送车 10 万台以上。

2020 年 10 月，行深智能与湘潭大学达成深度合作，投入数台无人配送车，探索校园无人配送模式。

八、行业市场和技术发展趋势判断

（一）规模化的人机协同配送的复杂调度系统

无人配送是一种无人驾驶技术的具体应用，用到的大多数技术跟一般的自动驾驶基本相同，即将云端软件和硬件传感器相结合，实现车辆定位、环境感知、路径规划决策、车辆控制执行四大核心技术。无人配送的大规模落地应用还有一个关键的技术需要突破——大规模人机协同配送的智能调度系统。

（二）运动控制及感知交互技术的提升

配送订单需要人机协作来完成，调度系统需要确定指定人员和车辆，以及完美地安排配送路径和时间，让他们刚好在相同的时间到达相同的地点，从而高效地完成订单的交接。整个系统规模巨大，预计每天订单量达到亿级，配送员和无人配送车数量达百万级。后期在提高机器灵敏度和提升用户体验方面，仍依赖运动控制、感知交互技术的提升。

（三）产品适配场景需要方面

由于场景的刚需程度、行业对客户痛点的挖掘程度、现有产品对场景需求及效率的匹配度都有待提高，目前，配送机器人产品接受度并不高。如何使目标客户转变观念，将产品大规模实施落地，以及后期如何拓宽应用场景，仍是该领域共同面临的问题。

（四）供应链体系的完善

目前，一方面，市场需求还未完全打开，需求仍不够强烈，没有大量的订单催化整个产业链的完善；另一方面，无人配送车的车型不同于传统车型，部分零部件需要专门定制，且符合要求的整车组装生产线也少，缺乏相应的供应商。无人配送车的产业链还未完全成熟，下游产品研发商不光需要承担向终端进行市场推广的工作，还要往产业链上游延伸。

（五）运维方面

在产品推广前期，由于没有形成规模化、批量化的供应链体系，运维成本相对高昂（配送机器人的产品生命周期在 5 年左右，期间主要问题在于零部件的磨损和老化）。伴随配送机器人的市场化普及，运维成本在总成本的占比将相应降低。

九、对政府推动行业快速发展的相关建议

自动驾驶产业是一个趋势产业，其对于国家的战略意义之重及未来的规模体量毋庸置疑。企业的发展需要靠自我的打磨，同时也离不开国家、地方政府及社会的支持。针对自动驾驶在社区领域的商业化应用，本书从如下两个方面提出政策及管理建议。

（一）完善末端无人配送标准体系、补充必备基础配套设施标准

针对目前只有中关村标准化协会技术委员会提出并归口的《服务型电动自动行驶轮式车技术规范》对无人配送车的物理特性、自动驾驶功能做了规定。该标准属于团体标准，由企业自愿选择，缺乏约束力，还需相关政府部门完善与加强。同时，在推进规模化应用方面，要补充、完善本地部署或者边缘计算的资源、高通信质量的通信基础设施、停靠点、充电设施建设，甚至 V2X 配送设施建设等。

（二）建议采取"安全第一、有序创新"的政策方针

政府本着安全第一、有序创新原则，在保障安全的前提下出台无人配送

的落地政策，允许企业先行先试，加快无人配送真实落地，给供需双方在市场环境下留出大胆创新的空间。无人配送车与共享出行、即时配送等新兴产业一样，是由需求导向、市场推动发展起来的。应积极引导和鼓励消费者使用无人配送，建立消费习惯，促进商业化发展。

（三）推动建立跨学科、跨行业、跨部门的协同机制，推动产业共识

建立无人配送车领域跨学科、跨行业、跨部门的协同机制。一是将政府各部门、行业协会、上下游企业、科研机构及投资机构等在产业发展中的角色定位清楚；二是建立沟通机制，就行业管理问题逐一与主管部门对接，探讨无人配送物流体系、商业模式和技术落地的解决方案。在产业协作层面达成无人配送车落地时间与节奏的共识，助力加强产业上下游合作；底层重点推动5G网络覆盖、物联网基础设施建设等，同时以大规模商业化为导向，拓展对应新型保险险种等外围保障。

（四）建立无人配送车技术标准体系，形成准入许可制度

进一步完善无人配送产品标准体系，形成行业共识。一是对产品进行定义，包括车辆外廓尺寸、整车质量、最高车速、加速性能和续航里程等参数。二是建立道路测试标准、产品安全标准。基于我国复杂的道路交通情况，特别建议标准中引入碰撞安全要求，以保证其他交通参与者人身安全。三是建立准入许可制度。在保证安全前提下，对技术领先的企业允许率先进入市场。同时，推动无人配送车功能测试、安全测试、车-路-云通信等行业标准，并推动形成常态上路许可制度。

（五）针对资金方面的支持

相比于高速载人无人驾驶车辆，低速载物的无人配送车的现实刚需程度更高，可预期安全风险更低，更具备落地场景，能在保证安全的情况下满足用户需求。以低速载物无人配送车切入市场，能够更快地达到自动驾驶技术的商业化。但无人驾驶是一个前期高投入的行业，行业企业在探索中需要大量的资金支持，主要通过股权融资和债券融资的方式进行。行业期望能够成立相应的产业扶持基金，着力投资有技术实力及商业应用场景的企业；同时，

债券融资希望得到地方政府的融资担保或贴息补助，应建立一种适度合理的免责机制，加大地方政府在创新支持方面的主动性和积极性。

第八章 自动驾驶在货运领域的商业化应用

一、自动驾驶在货运领域商业化应用的意义

（一）自动驾驶在货运领域商业化应用的必要性

公路货运是交通运输的重要环节，其运输量在社会货物运输总量中的占比超过了70%。我国公路里程超过500万公里，卡车司机约3000万人，公路营运载货汽车数量约1500万辆，其中公路货运重型卡车保有量超过500万辆，公路货运整体市场规模超过5万亿元。

近年来，以公路货运为代表的物流行业进入了转型升级时期。一方面，市场的发展让长期依赖现有盈利结构的行业进入"微利时代"，长途司机的劳动力缺口也有逐步加大的趋势，自动驾驶技术赋能的长途货运规模化运营可以节约干线物流25%的运营成本，这对于平均利润率约6%的物流领域来说具有巨大的经济价值；另一方面，公路货运的运输安全问题一直以来都是社会关注的热点，《中华人民共和国道路交通事故统计年报》对2013—2017年间营运货车交通事故进行了统计与分析：营运货车平均每年发生的交通事故、事故引起的死亡人数、受伤人数、直接财产损失分别占全国对应数据的14.1%、24.5%、11.7%、30.1%，分别占营运车辆对应数据总量的70.0%、77.6%、62.9%、81.0%；营运货车单起交通事故的死亡人数和直接财产损失均

第八章 自动驾驶在货运领域的商业化应用

高于全国道路交通事故水平和营运车辆交通事故水平；未按规定让行、超速行驶、违法上道路行驶、违反交通信号、在同车道行驶中不按规定与前车保持必要的距离是营运车辆导致交通事故的主要原因；驾驶员操作不当、违规驾驶或占道行驶、制动系统问题是导致营运货车较大级道路交通事故的主要原因。

公路货运车辆智能化应用尤其是自动驾驶商业化应用将从燃油、保险、维修、折旧等方面综合降低运营成本，且能有效避免因驾驶行为操作不当或违规驾驶导致的交通事故，降低公路货车交通事故，减少事故导致的直接财产损失，提升运输安全。公路货运自动驾驶商业化应用将以提质、降本、增效为导向，支撑国家交通强国建设战略。

（二）自动驾驶在货运领域商业化应用带来的经济与社会效益

（1）降低运营成本。《中国交通的可持续发展》白皮书指出：随着无车承运的开展，229家无车承运人试点企业整合货运车辆211万辆，车辆利用率提高约50.0%，较传统货运交易成本降低了6%～8%。自动驾驶技术的应用将从燃油、保险、维修、折旧等方面进一步降低公路重卡货运的运营成本。一辆营运重型卡车一年行驶里程10万～20万公里，综合燃油费用20～50万元。首先，自动驾驶技术通过对道路进行三维信息感知，并结合车辆载重信息，根据动力学方程计算出最优动力分配以降低油耗成本，促进节能减排，支撑交通强国"绿色高效的现代化物流系统"建设；其次，自动驾驶系统通过不断学习人类优秀驾驶员的驾驶行为特性持续优化驾驶行为，并将驾驶经验共享、复制到其他车辆，使车队的每一辆车都具备"顶尖"的驾驶能力，整体降低车队油耗成本；再次，自动驾驶技术将有效降低交通事故发生率，进而从维修、保险等方面有效降低运营成本；最后，自动驾驶系统会实时监控车辆故障信息，包括传感器故障信息、执行元件故障信息等，对车辆全生命周期进行智能化监控，及时发现安全隐患，降低隐患带来的经济与安全损失，延长车辆使用周期，进而降低运营成本。据估算，应用自动驾驶技术将使得公路重型卡车货运的运营成本降低约25%。

（2）降低交通事故。据统计，90%的交通事故是由分心、疲劳驾驶、不良驾驶习惯、操作失误等人为因素造成。公路货运车辆尤其是重型卡车，其交通事故带来的经济与社会损失远高于其他车辆。自动驾驶技术将有效降低重型卡车道路交通事故发生率。首先，与人工驾驶相比，自动驾驶系统不会发生饮酒、超速、分心、疲劳驾驶等状况，安全性更高；其次，通过应用摄像头、激光雷达、毫米波雷达、定位系统等多传感器硬件及基于人工智能算法的多传感器融合、冗余感知技术，自动驾驶系统的环境感知能力与人为感知能力相比，具有更高的自适应性、稳定性、准确性、可靠性；再次，在处理速度上，专业卡车司机通常反应时间为1.0～1.5秒，而自动驾驶处理器的反应速度在100毫秒以内，高反应速度为驾驶安全提供了有效保障；最后，在驾驶经验上，自动驾驶系统具备学习迭代与数据共享功能，人类驾驶员的驾驶经验不能复制，而自动驾驶的学习经验可以复制、共享，这相当于集众多专业驾驶员的驾驶经验为一体，且经验持续迭代，数据量越大，驾驶经验越丰富，驾驶行为越安全、可靠。据估算，自动驾驶技术将使公路重型卡车货运交通事故降低约80%。

（三）自动驾驶在货运领域商业化应用的产业效益

以产品生产为界限，货运重卡商业化应用可分为产品生产与产品运营两个应用阶段。其中，产品生产阶段是以生产制造为目的，通过设计、研发、集成、验证、试制、测试、制造等一系列过程，完成重型卡车生产制造。产品运营阶段是以生产运输为目的，通过销售、营运、维修、维护、保养、检测、转卖、报废回收等商业应用行为发挥车辆应用价值。

1. 产品生产阶段，促进产业集聚

首先，自动驾驶作为新型技术，丰富了传统汽车制造的产业链、供应链。短短5年时间，涌现出大量估值超过10亿美元的自动驾驶科技企业及激光雷达、毫米波雷达、人工智能芯片等新型汽车零部件企业，如苏州智加科技有限公司（以下简称"智加科技"）、北京图森未来科技有限公司（以下简称"图森未来"）、上海禾赛科技有限公司等。一二级供应链的发展带动了下游更多供应链的集聚与发展。

其次，车辆测试方面，由于自动驾驶系统承担了驾驶人的部分甚至全部驾驶职责，自动驾驶车辆的测试评价与传统车辆的测试评价存在较大差别。自动驾驶技术带动了车辆测试行业的升级、发展，涌现出大量针对自动驾驶技术及产品测试的测试机构、测试场地，带动了新型测试方法、测试设备的发展及测试场地基础设施建设的发展。

最后，自动驾驶的应用目标是车规级、前装、量产产品应用。与后装自动驾驶系统不同，量产产品所有零部件安装调试均来自于整车制造企业的生产线。自动驾驶产业化应用将促进整车制造企业产线升级改造，赋能智能制造。

2. 产品运营阶段，促进产业升级

首先，我国道路货物运输以安全运输监管为导向。以数据为驱动的自动驾驶货物运输将为安全运输监管提供全方位、智能化、多维度的保障。人工智能技术依托于海量数据积累，自动驾驶重型卡车在运输过程中除实时规划、执行驾驶策略外，也在不断地丰富自身数据库，不断地提升智能化水平。这种以数据为驱动的方式将改变传统的运输监管模式，将促进物流运营商运输模式的创新与升级。

其次，自动驾驶是人工智能技术的典型应用，除了在运输过程中实现自动化、智能化，还可能在未来产品应用中衍生出新型的产业应用，形成新型产业模式与格局，促进相关产业甚至当前看来毫无关联的产业的升级与发展。

最后，聪明的车离不开智慧的路，在5G新基建的背景下，自动驾驶重型卡车技术与产品应用将推动我国智慧道路尤其是智慧高速的建设与发展。我国公路尤其是高速公路具备统一的建设规范，5G车路协同自动驾驶技术在公路货运领域将能快速实现应用落地，并具备可复制性、可推广性，有助于推动区域一体化建设，助力新基建，支撑交通强国建设。

二、行业标准化体系建设

《智能汽车创新发展战略》为智能汽车标准体系建设规划了目标与方向。它提出健全法律法规，完善标准技术，推动认证认可，到2025年基本形成中国标准智能汽车的技术创新、产业动态、基础设施、法规标准、产品监管和网络安全体系。

以《智能汽车创新发展战略》为基础，以交通强国建设为战略依据，交通运输部针对道路交通自动驾驶发展应用制定了《交通运输部关于促进道路交通自动驾驶技术发展和应用的指导意见》，提出持续推进标准规范体系建设，研究自动驾驶和车路协同标准体系架构，加快制定关键性、基础性标准，支撑产业有序发展；到 2025 年，出台一批自动驾驶方面的基础性、关键性标准。

《中国营运车辆智能化运用发展报告（2020）》以安全运输为导向，以自动驾驶技术应用为目的，以汽车准入管理制度和道路运输车辆技术管理制度为法律依据，将营运车辆自动驾驶标准进行了归类划分，分为主导类、支撑类和辅助类三个类别。它提出：到 2025 年，全面建成辅助驾驶运用的主导类、支撑类、辅助类标准体系；到 2030 年，完善无人驾驶运用的主导类标准；到 2035 年，全面建成支撑无人驾驶运用涵盖端-管-云-用的主导类、支撑类、辅助类标准体系。

主导类标准主要从整车层面提出自动驾驶技术运用要求，支撑类标准主要指满足整车自动驾驶要求的车内系统、终端等相关标准，辅助类标准主要指满足整车自动驾驶要求的车外系统、平台、通信等相关标准。其中，主导类标准是车辆整车自动驾驶功能应用的核心，是车辆准入的标准依据。

当前主导类标准建设情况如下：《机动车运行安全技术条件》（GB 7258-2017）（2018 年 1 月 1 日实施）规定了机动车的整车及主要总成、安全防护装置等有关运行安全的基本技术要求。该标准是我国机动车国家安全技术标准的重要组成部分，是我国机动车新车定型强制性检验、新车出厂检验和进口机动车检验的重要技术依据之一。

以 GB 7258-2017 为支撑，交通运输部于 2019 年 3 月发布《营运货车安全技术条件第 2 部分：牵引车辆与挂车》（JT/T1178.2-2019），该标准对牵引车、挂车实施安全准入管理，与《营运客车安全技术条件》（JT/T 1094-2016）共同构建了我国营运车辆安全技术管理的基础标准体系，为从源头提高营运车辆本质安全性能、筑牢道路运输安全基础提供了系统的、有效的技术支撑。JT/T 1178.2-2019 对牵引车辅助驾驶功能提出了明确要求。

（1）牵引车辆应具备车道偏离报警功能和车辆前向碰撞预警功能，车道偏离报警功能应符合 JT/T 883-2014 的规定，车辆前向碰撞预警功能应符合 GB/T 33577-2017 的规定。

（2）最高车速大于或等于 90 公里/小时的牵引车辆应安装自动紧急制动系统（AEBS），AEBS 的性能应符合 JT/T 1242-2019 的规定。

随着辅助驾驶功能安全准入要求的实施，车道偏离报警功能、车辆前向碰撞预警功能及自动紧急制动系统已在当前生产的新车型中成为标配。

除主导类标准建设外，国家层面也正在积极开展支撑类、辅助类标准研究及建设工作。当前已发布的公路货运重型卡车三大类别标准见表 8-1 所列。

表 8-1　公路货运重型卡车自动驾驶标准举例

类别	标准编号	标准名称
主导类	JT/T 1178.1-2018	营运货车安全技术条件　第 1 部分：载货汽车
	JT/T 1178.2-2019	营运货车安全技术条件　第 2 部分：牵引车辆与挂车
	JT/T 1285-2020	危险货物道路运输营运车辆安全技术条件
支撑类	GB/T 26773-2011	智能运输系统车道偏离报警系统性能要求与检测方法
	JT/T 883-2014	营运车辆行驶危险预警系统技术要求和试验方法
	GB/T 33577-2017	智能运输系统车辆前向碰撞预警系统性能要求和测试规程
	GB/T 38186-2019	商用车辆自动紧急制动系统（AEBS）性能要求及试验方法
	JT/T 1242-2019	营运车辆自动紧急制动系统性能要求和测试规程
	GB/T 37471-2019	智能运输系统换道决策辅助系统性能要求与检测方法
辅助类	JT/T 1159.2-2017	道路运输车辆卫星定位系统北斗兼容卫星定位模块　第 2 部分：通讯协议
	GB/T 31024.4-2019	合作式智能运输系统 专用短程通信 第 4 部分：设备应用规范
	JT/T 808-2019	道路运输车辆卫星定位系统终端通讯协议及数据格式

三、主要的技术团队和骨干企业

我国重型卡车整车生产制造企业有一汽解放、东风汽车集团有限公司（以下简称"东风公司"）、中国重汽、陕西汽车控股集团有限公司（以下简称"陕汽控股"）、北汽福田汽车股份有限公司（以下简称"福田汽车"）、上汽红岩等。致力于自动驾驶重卡技术研发与落地的科技企业有智加科技、图森未来、赢彻科技（上海）有限公司（以下简称"赢彻科技"）、长沙智能驾驶研究院（以下简称"希迪智驾"）、北京小马智行科技有限公司（以下简称"小马智行"）等。本节对主要科技企业进行简要介绍。

（一）苏州智加科技有限公司

智加科技成立于 2016 年，公司聚焦高速干线物流的无人重型卡车技术研发与应用，志在打造世界领先的自动驾驶重型卡车，赋能物流企业，大幅度降低高速干线物流的成本，并增强安全性。

技术研发方面：智加科技具备在自动驾驶核心技术上的全线研发能力，涵盖感知、地图定位、决策规划、控制等核心模块。在感知端，智加科技基于视觉、激光雷达、毫米波雷达的多层融合的目标检测结合传统模式识别与深度学习方法，实现了对场景的典型静态要素和动态目标的可靠检测和跟踪；在地图定位上，它融合了视觉、激光和 GPS/INS 系统，实现了典型结构化环境的大规模地图构建，并融合 2D 视觉特征和 3D 点云特征实现了可靠的横纵向定位；在决策规划端，它通过融合感知和地图先验，并基于规则和数据驱动，实现了场景中的多车行为意图预测；在车辆控制端，它以参考模型的自适应控制方法为基础，实现了在不同的作业道路环境和载物负重下的车辆安全平顺控制。

测试应用方面：2018 年 5 月，智加科技联合苏宁完成首个"仓到仓"场景 L4 级自动驾驶演示；2018 年 11 月，智加科技获得中国首张营运货车自动驾驶测试牌照；2019 年 11 月，智加科技获得中国首张无人重型卡车跨省区域测试牌照。目前，智加科技累计道路测试里程已超过百万公里。

生态建设方面：与一汽解放、挚途科技、满帮集团、英伟达公司、中国移动等合作伙伴深度绑定，共同打造干线物流自动驾驶新生态。2019年8月，联合一汽解放成立合资公司，并携手一汽解放、挚途科技共同打造车规级自动驾驶产品；2019年年底，携手中国移动打造长三角智能网联示范区，在5G车路协同干线物流自动驾驶方面开展了深度合作；2020年9月，升级与满帮集团的战略合作，双方拟在商业化运营、车辆销售和L4无人驾驶技术研发三个维度携手，为物流行业降本增效提供系统化解决方案。

（二）北京图森未来科技有限公司

图森未来成立于2015年9月，团队科研色彩浓厚，合伙人为来自人工智能、计算机视觉、高性能计算、车辆工程、硬件研发等领域的专家，公司专注于无人驾驶货运卡车技术研发与应用。

技术研发方面：图森未来自主研发的以摄像头为主，融合激光雷达、毫米波雷达的L4级无人驾驶卡车解决方案，具备感知、定位、决策、高精度地图、车辆控制等无人驾驶核心功能，其感知系统能实现长达1000米的感知。2019年，图森未来发布无人驾驶夜间感知系统，为全天候无人驾驶运营提供技术支撑。目前，图森未来在技术研发层面正逐步实现货运卡车在干线物流场景和半封闭枢纽场景下的全无人驾驶技术应用。

测试应用方面：2017年6月，图森未来完成了加州到亚利桑那州的跨州长距离自动驾驶道路测试；2018年10月，图森未来在上海获得国内首张智能网联汽车道路测试牌照；2019年12月，图森未来完成了中国首次高速公路L4级无人驾驶队列测试。目前，图森未来已在中美两地开展了商业化试运营，在美国已开展商业化干线运输超过一年，入选上海首批人工智能试点应用场景（AI+交通），并与临港科技城合作，在东海大桥开展应用于洋山港和芦潮港火车站间的港铁联运项目。

生态建设方面：2020年7月，图森未来在美国启动全球首个自动驾驶货运网络（AFN），由自动驾驶卡车、物流枢纽中心和运营监控系统构成；同年9月，图森未来与传拓（Traton）集团宣布建立全球合作伙伴关系，致力于共同研发自动驾驶卡车。

（三）赢彻科技（上海）有限公司

赢彻科技（上海）有限公司（以下简称"赢彻科技"）成立于 2018 年 9 月，该公司业务聚焦于干线物流运营场景，自主研发 L3 和 L4 级自动驾驶技术，和汽车产业紧密合作，并为物流客户提供更安全、更高效、更优成本的资产服务。

研发与测试应用方面：2019 年 6 月，赢彻科技获得长沙自动驾驶物流重型卡车测试牌照；2020 年 3 月，完成与东风商用车联合开发的量产 L3 自动驾驶卡车的 A 样车验收；2020 年 4 月，与壹米滴答供应链集团有限公司（以下简称"壹米滴答"）达成合作，签订首张百台级智能卡车订单，启动智能重型卡车试运营；2020 年 7 月，赢彻科技在 2020 世界人工智能大会上发布超长距 3D 感知技术、高性能自动驾驶平台，并与重汽联合展示 L3 自动驾驶重型卡车量产工程样车。

生态建设方面：赢彻科技制定了由经营性租赁、运力合伙人、大物流场景、大运力网络四条核心思路构成的运营战略，旨在同时切入资本管理与物流运输市场，自建运力平台，以租代售，提供"按公里付费"的服务模式，打造"技术 - 产品 - 商业化运营"的综合壁垒。

（四）长沙智能驾驶研究院

希迪智驾成立于 2017 年 10 月，由香港科技大学的李泽湘团队创立，致力于打造能落地的智能驾驶商用车及关联技术产品。

希迪智驾核心业务为自动驾驶解决方案及车路协同技术方案。自动驾驶方面，为北京福田戴姆勒汽车有限公司（以下简称"福田戴姆勒"）设计低成本的 L4 级自动驾驶解决方案；车路协同方面，提供车路协同技术解决方案并开展了"自动驾驶 + 车路协同测试"并示范应用。2018 年 6 月，希迪智驾协助制定国家智能网联汽车（长沙）测试区管理及运营方案；2019 年 6 月，希迪智驾获浙江省智能网联汽车开放道路测试牌照；2019 年 7 月，希迪智驾智能冷链车厢"智鲜仓"产品在新疆乌鲁木齐正式亮相，并与 3 家物流公司签订 200 台意向订单，实现智能冷链重卡"头 - 挂 - 箱"一体化产业布局落地；

2019年11月,希迪发布"V2X+公交智慧出行"解决方案,助力长沙市打造城市数字交通出行。

(五)北京小马智行科技有限公司

小马智行成立于2016年底,志在打造适用于各类车型、场景的"虚拟司机"。2019年4月,小马智行首次公布了自动驾驶卡车的研发进展;2020年11月,小马智行在第三届中国进出口博览会上首次展示针对重型卡车研发的自动驾驶软硬件系统,进军重型卡车自动驾驶领域。

四、商业化应用重大事件

(一)技术事件

2018年9月,图森未来通过算法突破和软硬件融合,实现有效感知距离1000米的技术突破。该技术可有效地识别1000米外物体的位置和速度、车辆的类型,以及行为轨迹和它接下来要做的动作。

2019年3月,希迪智驾发布"V2X+智慧高速"解决方案,可路侧端进行全路段交通态势感知,并将感知结果通过V2X通信传递给自动驾驶车辆进行决策,为自动驾驶车辆的感知系统提供路侧数据支撑,为自动驾驶保驾护航。

2019年6月,智加科技发布多目视觉立体感知技术,推出了有效感知距离达到1600米的立体视觉感知技术,可以精准判断物体的位置和速度,结合多传感器融合方案将大幅提升系统安全性。

2020年7月,赢彻科技发布"场景深度感知+前景车辆部件级解析"技术方案,通过将深度学习与基于几何的经典计算机视觉方法有机结合,实现超长距精准3D感知技术。感知距离达到1000米,测距误差小于5%。

2020年10月,智加科技携手中国移动发布"5G车路协同智能驾驶干线物流"解决方案,依托5G独立组网、车路协同多源融合感知方案、多级边缘计算、高度自动驾驶技术解决方案,打造聪明的车、智慧的路、灵活的网、智能的云,形成可复制、可推广的5G干线物流落地应用方案。

（二）应用事件

2018年5月，智加科技携手苏宁物流完成行业首个"仓到仓"无人驾驶场景作业。

2018年10月，图森未来在上海获得国内首张智能网联汽车道路测试牌照。

2018年11月，智加科技于江苏获国内首张自动驾驶货车营运测试牌照，开启高速公路多场景常态化测试应用示范。

2019年1月，一汽解放正式启动"哥伦布智慧物流生态开放计划"，该计划以智慧物流为核心场景，持续以新理念、新科技、新产品为生态合作伙伴赋能，为中国商用车的发展赋能，为中国物流行业的发展赋能，实现由传统商用车制造商向智慧交通运输解决方案提供者转变。

2019年5月，图森未来获上海临港地区无人驾驶卡车公开道路测试牌照。国内首次列队跟驰标准公开验证试验在天津举行，中国重汽、福田汽车、东风商用车均顺利完成车路协同、自动驾驶、列队跟驰试验。

2019年6月，希迪智驾获浙江省智能网联汽车开放道路测试牌照，并联合福田戴姆勒获长沙市政府颁发的智能网联汽车开放道路测试牌照。赢彻科技获长沙市自动驾驶物流重卡测试牌照。

2019年11月，智加科技获长三角智能网联商用车开放道路测试牌照，开启跨省区道路测试应用示范。

2019年12月，福田汽车与图森未来基于京礼高速智慧公路升级改造，结合自动驾驶与C-V2X（蜂窝车联网）车路协同技术，开展了车路协同自动驾驶列队跟驰演示活动。

2020年4月，赢彻科技在长沙智能驾驶示范区开放路段上开展道路测试，并与物流企业壹米滴答展开合作，在浙江德清开启自动驾驶重型卡车示范运营。

2020年6月，图森未来于上海再获5张无人驾驶卡车公开道路测试牌照。

2020年12月，小马智行获广州市颁发的首张自动驾驶卡车测试牌照，获准开展公开道路测试。

（三）融资事件

自动驾驶行业自 2016 年起进入投融资爆发期。

2020 年 2 月，小马智行完成 B 轮融资，融资总额 4.62 亿美元。

2020 年 4 月，嬴彻科技获得 1 亿美元 A 轮融资，11 月获得 1.2 亿美元股权融资。

2020 年 7 月和 9 月，图森未来宣布分别获得美国卡车企业纳威司达（Navistar）公司和大众汽车集团旗下商用车公司传拓集团的投资，未公布投资金额；11 月，图森未来获 3.5 亿美元 E 轮融资。

2020 年 8 月，希迪智驾获得超过 1 亿元人民币的融资。

2021 年 2 月，智加科技宣布完成新一轮 2 亿美元融资，新投资方包括国泰君安国际控股有限公司、万向汽车技术风险投资，老股东满帮集团跟投。3 月 31 日，智加科技完成新一轮 2.2 亿美元融资。

五、已开展的商业化应用

（一）智能网联生态建设

一汽解放于 2019 年 1 月在一汽解放合作伙伴生态大会上正式启动"哥伦布智慧物流开发计划"（如图 8-1），该计划包括以解放智能车平台为核心的"AI+开放"计划和以解放车联网平台为核心的"互联+开放"计划。其中，"AI+开放"计划通过单独为客户提供系统性智能运输解决方案、利用合作伙伴算法与合作伙伴共同为客户提供解决方案、为合作伙伴提供开放的线控车辆平台，用三种合作模式为合作伙伴提供智能车的生态开放支持。"互联+开放"计划将为合作伙伴开放车联网数据、车联网系统及车联网生态。

图 8-1 "哥伦布智慧物流开发计划"启动仪式

东风商用车将集中资源协同发展的优势,通过多元化的方式,在行业标准、整车开发、关键动力总成、核心技术开发等方面加速前行,全力推动中国商用车行业智能化、网联化的发展。

(二)自动驾驶示范运营

智加科技与一汽解放深度绑定,于 2018 年 11 月获国内首张自动驾驶货车营运测试牌照,车辆已在限定测试路段进行带挂载货测试及营运示范。历经测试数据积累及产品工程化验证。2020 年 9 月,智加科技与满帮集团升级战略合作,双方将在商业化运营、车辆销售和 L4 无人驾驶技术研发三个维度携手为物流行业降本增效提供系统化解决方案。

2019 年 6 月,嬴彻科技与壹米滴答签订战略合作协议,双方将充分利用各自优势,在智能卡车运力运营上展开深度合作,以百台级的定制化智能卡车租赁为基础,积累车辆运行及规模化车队管理数据,共同促进智能卡车运力运营规模化发展。

2019 年 11 月,上汽集团、上港集团和中国移动联合宣布,三方正式开启全球首次"5G+L4 级智能驾驶重型卡车"示范运营。从深水港物流园经东海大桥到洋山码头,来回 72 公里的物流环线通过 C-V2X 车路协同技术和自动驾驶技术实现集装箱的智能转运。

（三）自动驾驶道路测试

测试与应用示范方面，随着《智能网联汽车道路测试管理规范(试行)》的发布，自动驾驶道路测试有了规范依据。智加科技于江苏获长三角智能网联商用车开放道路测试牌照，实现跨省区道路测试，已在高速公路开展了包含夜间和雨天的多场景常态化测试（如图8-2a）。图森未来于上海获得多张自动驾驶卡车公开道路测试牌照，其自动驾驶应用入选上海首批人工智能试点应用场景，已在上海临港地区开展了物流配送测试与应用示范（如图8-2b）。赢彻科技于湖南获长沙市自动驾驶物流重型卡车测试牌照，在国家智能网联汽车（长沙）测试区开展了多场景道路测试（如图8-2c）。希迪智驾分别于湖南、浙江获长沙市自动驾驶物流重型卡车测试牌照、浙江省智能网联汽车开放道路测试牌照，并开展了相应的自动驾驶道路测试（如图8-2d）。小马智行于广东获广州自动驾驶卡车测试牌照，开启自动驾驶重型卡车公开道路测试。

a 智加科技跨省自动驾驶道路测试

b 图森未来自动驾驶道路测试

c 赢彻科技自动驾驶道路测试

d 希迪智驾自动驾驶道路测试

图8-2 自动驾驶道路测试与应用示范

（四）工程化产品试制

《营运货车安全技术条件 第2部分：牵引车辆与挂车》（JT/T 1178.2-2019）标准规定，2020年5月1日之后生产的总质量大于18 000公斤且最高车速大于 90 公里 / 小时的载货汽车新车型应具备车道偏离报警功能和车辆前向碰撞预警功能，2021 年 5 月 1 日之后生产的总质量大于等于 12 000 公斤且最高车速大于 90 公里 / 小时的载货汽车新车型应安装自动紧急制动系统。

依据此标准规定，一汽解放、中国重汽、东风公司、陕汽控股、福田汽车等整车制造企业当前生产的新车型均已具备车道偏离报警功能和车辆前向碰撞预警功能，即将生产的新车型也将达到安装自动紧急制动系统的要求。除此之外，各大整车制造企业在更高等级自动驾驶产品上纷纷开展了工程化探索与产品研制。

一汽解放于 2020 年 9 月在哥伦布生态大会上发布了全新一代 J7 L3 自动驾驶超级重卡（如图 8-3）。该产品作为全球领先的自动驾驶量产车型，是一汽解放"哥伦布智慧物流开放计划"落地的里程碑。产品由一汽解放主导、智加科技助力，联合挚途科技等合作伙伴共同打造，严格按照正向开发流程，软硬件全部达车规量产级别。产品具有智能、安全、节油、可靠、互联五大优势，可实现包括自主超车、自动变道、自适应巡航控制、车道居中、盲区监测、交通拥堵辅助、预见性安全规划、绕行避障以等多项功能，已于 2020 年 11 月通过量产自动驾驶系统"双预警"国家测试认证，于 2021 年 2 月完成

图 8-3 一汽解放发布全新一代 J7 L3 自动驾驶超级重型卡车

AEB（自动紧急制动）系统法规认证试验。2021 年 7 月，首台前装车规级 L3 自动驾驶重型卡车在一汽解放生产下线。

东风商用车于 2020 年 4 月完成了 L3 级自动驾驶重型卡车 A 样车的验收工作。该产品由东风商用车与赢彻科技联合打造，经过联合项目组三轮评审，完成了四大类 16 小项的静态评审、六大类 29 个条目的动态驾评及高速测试道路的自动驾驶功能评测。

中国重汽于 2019 年 11 月在中国重汽集团 2020 年商务大会上展示了重汽第二代智能卡车。卡车集成了车道偏离预警、前撞预警、自动紧急制动、停走式自适应巡航及车道保持辅助等高级驾驶辅助功能，实现了全车速范围、固定车道内的 L2+ 级自动驾驶功能。

陕汽控股于 2020 年 11 月发布德龙 X6000 自动驾驶重卡。车辆具备车道偏离预警、自动紧急制动、自适应巡航等自动驾驶功能。

福田汽车已在自动驾驶方面开展了多项研究与测试，自动驾驶与辅助驾驶产品不久可在多个车型中量产应用。

上汽红岩于 2020 年 11 月发布全新研发的第六代重型卡车。车辆采取多传感器融合系统，可实现 360° 感知覆盖，具备自适应巡航、自动紧急制动、车道偏离预警、防碰撞预警等自动驾驶功能。

六、发展趋势和技术重点

（一）自动驾驶工程化产品应用

与其他应用场景相比，重型卡车自动驾驶产品应用落地相对具有优势。就应用场景而言，公路货运 90% 的运输路线为高速公路。相比于城市道路场景，无须过多考虑交通信号、行人、非机动车辆等环境要素；我国城市道路因经济及地理位置差异存在一定建设差异，而高速公路具备统一的建设规范，自动驾驶应用可实现快速复制；虽然高速公路管理公司众多，但都隶属于交通运输部，最上级主管部门清晰，统一的建设方针、规划方案将能快速实现规模化与产业化应用。就车辆属性而言，重型卡车作为生产工具，其商业化落地是经济发展的需求。国家对重型卡车的更新迭代有较高要求，重型卡车的更新频率远高于私家车，自动驾驶产品能在重型卡车中快速实现保有量迭代。

目前，多家重型卡车生产制造企业及重型卡车自动驾驶技术解决方案企业已完成L4级高度自动驾驶功能样机的开发，并开展了大量的道路测试试验，自动驾驶功能及技术难点正被逐一攻克。当前行业面临的重大技术挑战，也是下一步重点发展方向是：如何通过技术成果转化实现工程化产品落地应用。亟待解决的技术重点与应用挑战有如下几个。

（1）与部分测试样车将激光雷达、摄像头、定位天线定设备放置车顶、车侧不同，工程产品的外廓尺寸需严格按照《汽车、挂车及汽车列车外廓尺寸、轴荷及质量限值》（GB 1589-2016）标准进行规范约束。当前市场上保有的大部分重型卡车其高度、宽度临近标准上限，工程化产品应用需考虑如何在此约束下实现传感器的加装。

（2）技术验证阶段可通过增加高配置传感器、计算单元实现自动驾驶算法、功能的验证。但工程产品出于成本考虑，对传感器、计算单元的配置、算力、功耗提出严苛的约束。工程化的设备配置方案带来的挑战是如何在算力和功耗较低的设备上实现自动驾驶算法移植，并保证系统运行的安全性、可靠性与稳定性。

（3）车规级传感器零部件是自动驾驶产品工程化的支撑与保障。除需对各个零部件进行功能性、可靠性、稳定性测试，更为重要的是需从整车角度考虑如何解决功能安全、硬件安全、系统安全、应用安全、数据安全、通信安全等问题。

（4）可靠性测试是工程化产品应用的必要条件。重型卡车作为生产运输工具，其使用的频率、工作时长高于普通车辆，其运输过程经历的地理与气象环境变化远比城市通勤车辆复杂。工程化产品应用需考虑连续作业情况下不同地理环境下、不同气象环境下自动驾驶的可靠性。

（二）车路协同技术应用

《中国交通的可持续发展》白皮书指出，推进"互联网＋交通发展"，推动现代信息技术与交通运输管理和服务全面融合，提升交通运输服务水平。充分运用5G通信、大数据、人工智能等新兴技术，让交通运输基础设施和装备领域智能化不断取得突破。

随着国家5G新基建战略的部署、实施，自动驾驶与车路协同技术的结合应用是公路货运车辆发展的目标与必然趋势。道路基础设施建设应以自动驾驶、车路协同技术应用为导向，为道路货物运输保驾护航。车路协同技术为自动驾驶车辆与道路环境提供了新型交互方式，可有效降低单车感知道路信息的算力成本，为车辆"脑外加脑"，赋能自动驾驶产业化应用落地，有效提升驾驶安全、驾驶效率，实现节能减排。其典型赋能应用有如下几种。

（1）匝道汇入车辆预警。匝道汇入口是高速公路事故多发地，依靠单车智能实现匝道汇入车辆感知需投入较大的设备和算力成本。车路协同技术通过路侧设备收集匝道上的汇入车辆信息，并向主路上的车辆通报来车事件、来车位置、来车速度等信息。主路车辆根据相对位置、自车速度、匝道汇入车辆位置信息预测出该车与匝道汇入车辆的未来轨迹，并做出碰撞判断。依据判断结果，决策层规划出最优(无碰撞、最节能)行驶方式，进而有效降低交通事故的发生率、提升匝道汇入的通行效率。

（2）坡道信息提示。我国公路桥梁约80万座，坡道是货车主要的耗能路段，依靠单车计算坡道坡度信息，算力成本较大。车路协同技术通过在路侧设备储存的原始道路建设信息，向驶向坡道的车辆发送前方坡道的坡度、坡道起止位置等信息。车辆根据相对位置、自车速度、载重信息预测车辆经过坡道的行驶轨迹及动力消耗，制定最优动力分配方案，降低车辆动力消耗，实现有效节能。

（3）超视距应用。单车智能无法感知几公里外的环境状态，无法对几公里外的道路事件进行提前规避。车路协同技术通过路侧设备检测对应路段上的交通事故、交通流量、道路施工、道路抛洒物等事件，并向附近车辆及平台广播即将或欲驶入事件发生区域的车辆，根据接收到的信息提前对行驶路径进行规划(如更换其他行驶道路、变更车道等)，进而保证行驶安全、提升通行效率。

以上仅为典型应用举例。车路协同技术在公路货物运输场景中可以有上百种的应用方式,每个应用方式都有其存在的意义与价值,但如果应用没有侧重点,各类应用同时推进发展,则无法使车路协同技术应用起到立竿见影的效果。车路协同技术应用应以营运货车运输痛点为切入点,以安全、节能、高效为核心要素部署实施,其亟待解决的技术重点有如下几个。

(1)以安全、能耗、效率为导向,制定车路协同场景动态评估方法及评估体系,解决公路货物运输最为迫切的问题。同一场景在不同时空的安全、能耗、效率的权重不同。如前方200米的抛洒物预警安全权重更高,而前方2公里的抛洒物预警效率权重更高。动态评估方法有利于将车路协同技术应用进行优先级排序,进而最大化发挥其应用价值。

(2)强化车路协同技术道路测试,理论结合实际。路侧与车端同时感知,判断哪一个感知结果可靠性更高,如何将路侧感知与车端感知有效融合,除了理论研究外还应结合实际,通过实车测试,真正实现车路协同与自动驾驶优势互补,真正为车辆"脑外加脑"。

七、存在的问题和不足

(一)标准体系建设有待完善

重型卡车因其车辆属性、应用属性、应用场景的独特性,不一定适用部分其他车型的自动驾驶标准或较为通用的自动驾驶标准。究其原因,其一,就车辆属性而言,重型卡车带挂长度18米,是普通轿车的3～4倍,重型卡车满载重量49吨,是普通轿车的20多倍。长度越长意味着盲区越大、转弯半径越大,质量越大意味着惯性越大(刹车距离更长)。这导致重型卡车对感知与控制的要求在标准层面与其他车辆存在一定差异。其二,就应用场景而言,重型卡车的主要应用场景为高速公路,对交通信号灯、行人、非机动车的感知要求在标准层面与其他车辆存在一定差异。

《中国营运车辆智能化运用发展报告(2020)》将运营车辆自动驾驶标

准划分为主导类、支撑类和辅助类三个类别。当前，三个类别的标准体系建设存在如下几点不足。

（1）主导类标准体系建设有待完善。高级别的辅助驾驶、自动驾驶功能在整车层面缺乏标准支撑，自动驾驶货车整车功能安全标准建设不足，尚未将挂车自动驾驶主动、从动功能纳入整车功能应用范围，挂车智能化应用缺乏标准支撑。

（2）支撑类标准建设滞后。车道保持功能、自动跟车功能等自动驾驶功能尚没有技术标准支撑，高度自动驾驶功能标准建设滞后，重型卡车高度自动驾驶功能测试缺少标准支撑，针对货车运行场景的自动驾驶可靠性测试规范及方法有待完善。

（3）辅助类标准有待加强。车辆与车路协同路侧设备的通信协议与标准有待加强，车辆与道路运输监管平台的通信协议与标准有待进一步完善，车辆信息安全、网络安全缺乏标准支撑。

（二）测试与评价有待加强

测试评价是工程化应用的重要支撑，为自动驾驶应用落地提供有效保障。《智能汽车创新发展战略》指出，要加强跨部门、跨领域测试评价机构协同配合，建立健全智能汽车测试评价体系架构及测试基础数据库，满足我国复杂道路环境和驾驶行为的测试需要；重点研发虚拟仿真、软硬件结合仿真、实车道路测试等技术和验证工具，以及整车级、系统级、零部件级测试评价系统；推动企业、第三方测试评价机构能力建设，建立国家级智能汽车技术试验及安全运行评价中心。

当前，自动驾驶重卡测试与评价有以下几方面不足。

（1）虚拟仿真测试体系尚未健全。目前，整车制造企业和自动驾驶科技企业，或通过自主研发方式或通过软件购买方式拥有商用车虚拟仿真测试系统，且都已开展了大量的虚拟仿真测试实验。但当前的自动驾驶重型卡车虚拟仿真测试缺乏统一的仿真测试标准、规范及评价方法，虚拟仿真测试的可靠性有待进一步验证，虚拟仿真测试体系有待进一步完善。

（2）封闭环境道路测试评价体系有待完善。目前，众多整车制造企业及自动驾驶科技企业已根据《智能网联汽车道路测试管理规范（试行）》测试规范，在封闭测试场地经第三方检测机构检测，获得自动驾驶重型卡车测试牌照。但该测试规范为自动驾驶基础性测试规范，不能完全覆盖自动驾驶重型卡车运输作业场景，有待进一步强化与完善。

（3）限定开放环境道路测试应用有待加强，限定开放环境道路测试评价体系有待健全。为更加贴近真实使用场景，北京、上海、重庆、苏州、长沙等众多城市不同程度地开放了部分开放道路测试区域（限定开放环境道路测试），供已取得路测资格的企业及研究单位进行自动驾驶道路测试。但这些限定开放环境道路测试以城市道路场景应用居多，一方面，对于90%道路场景为高速公路场景的公路重型卡车货运，能够提供的自动驾驶测试条件有限；另一方面，针对高速公路重型卡车货运场景的测试评价体系尚不健全。

（三）检测、维修、维护体系有待建设完善

标准与测试评价为自动驾驶重型卡车生产提供保障，检测、维修、维护体系则为自动驾驶重型卡车后续运营服务提供保障。检测是对在用车辆自动驾驶系统、功能定期进行安全性检查，维修是对在用车辆自动驾驶系统、传感器等设备进行修复，维护是定期对在用车辆自动驾驶系统进行系统维护、对传感器设备进行保养。与车辆生产制造阶段多在大型的自动驾驶测试场地进行检测、测试不同，在用车辆的检测、维修、维护的地点多为散布在全国各地的商用车4S店、商用车维修维护中心等服务网点。目前，尚没有完善的自动驾驶检测、维修、维护体系，检测、维修、维护存在以下几点不足。

（1）检测体系建设不完善。首先，服务网点的基础设施与场地有限，无法开展在自动驾驶封闭测试区进行的自动驾驶功能测试项目；其次，服务网点的检测设备有限，对自动驾驶功能检测能力有限，尚没有针对服务网点制定在用车辆自动驾驶功能的测试验证的方法，在用车辆测试评价体系尚未建立；再次，在线检测、远程故障诊断功能建设尚不完善；最后，针对二手车的检测评估尚未形成规范。车辆在转卖后，哪些自动驾驶功能可以继续使用，

哪些自动驾驶功能已经失效，目前没有规范的评测流程及评测标准及方法。

（2）维修体系尚未健全。首先，服务网点维修设备有限，尚没有针对自动驾驶传感器零部件检测进行设备升级；其次，传感器零部件库存不足，服务网点尚未针对自动驾驶进行传感器零部件库存储备，如摄像头硬件故障，服务网点尚没有配套的摄像头更换；最后，服务网点人员技术能力有限。自动驾驶作为新兴技术，技术人员多集中在整车制造企业及自动驾驶科技企业，且尚未对商用车 4S 店等地方部门进行技术指导与技术输出，如服务网点对故障摄像头进行更换后缺乏对摄像头进行校准的技术能力。

（3）维护体系尚未健全。车辆存在生命周期，自动驾驶系统也存在着生命周期。不同的传感器、不同自动驾驶功能的使用周期不同。自动驾驶系统和车载传感器多久需维护保养一次、如何保养，尚没有维护保养规范及方法。

（四）道路基础设施建设有待完善

随着自动驾驶技术应用的普及，未来道路基础设施与现在相比将发生巨大的变化。当前，主要驾驶主体是人类驾驶员，交通标志以图形为主，交通信号灯以颜色变化的方式为人类驾驶员提供静态、动态交通信息服务。但当驾驶主体变成车辆时，这种交通信息服务方式不但没有减少交通标志成本，反而增加了车辆的算力成本。因此，未来道路基础设施将随着自动驾驶技术演进而发生改变。以自动驾驶应用为目标，规划部署道路基础设施升级、改造方案，是未来自动驾驶技术应用的重要支撑与保障。当前，自动驾驶营运货车应用场景的道路基础设施存在以下几点不足。

（1）依托 5G 新基建应用示范，国内已（拟）建设多个 5G 车路协同测试应用示范区，但大部分示范应用场景为城市道路区域，高速公路场景的车路协同道路基础设施建设不足。

（2）基于车路协同的道路基础设施建设缺乏统一的建设规范，如路侧设备安装位置、路侧设备部署密度等没有统一标准规范，给后续车路协同运营管理带来不便。

（3）车路协同场景测试动态评估方法及评估体系尚未建立，道路基础设

施建设尚没有优先级排序，未以营运货车运输痛点为切入点，其应用效果起不到立竿见影的作用。

八、政策和管理建议

（一）完善标准体系建设

（1）完善主导类标准建设。首先，完善辅助驾驶、自动驾驶功能准入条件，可对各级别自动驾驶整车功能要求提出建设性标准规划，再通过支撑类标准建设丰富各级别主导类标准的内容；其次，强化自动驾驶功能安全标准建设；最后，推进挂车智能化标准规范，将挂车智能化标准建设纳入整车功能应用体系，建立与整车自动驾驶功能相适应的挂车智能化标准规范。

（2）加速支撑类标准建设。首先，针对高度自动驾驶功能，尽快规划建设高度自动驾驶应用标准；其次，依据货车车辆属性、应用属性及应用场景特性，完善单项自动驾驶功能标准；最后，针对货车运行场景，完善自动驾驶可靠性测试规范及方法建设。

（3）强化辅助类标准建设。首先，以5G新基建为契机，加速布局基于智慧道路、智能终端的应用规范及标准；其次，基于道路运输监管、自动驾驶数据迭代更新要求，规划平台建设规范及标准；最后，强化车辆信息安全、网络安全建设。

（二）完善测试评价体系建设

（1）完善虚拟仿真测试体系建设。收集行业内不同企业、单位的仿真工况、方法、指标信息，以行业现有的虚拟仿真测试系统及方法为基础，求同存异，制定虚拟仿真测试可靠性评估方法，建立统一、规范的货车虚拟仿真测试评价方法与评价标准。

（2）完善封闭道路测试评价体系建设。以重型卡车属性及应用场景属性为基础，完善封闭测试场地自动驾驶重型卡车功能测试与验证规范，完善封闭道路测试评价方法及体系建设。

（3）强化限定开放环境道路测试应用，完善限定开放环境道路测试评价体系建设。以高速公路为典型应用场景，在限定路段开展自动驾驶功能测试、可靠性测试。应用模式可以有多种形式，如开设自动驾驶货车专用道的应用形式、车路协同与自动驾驶结合的应用形式。制定严格的道路测试制度、规范的道路测试方法、完善的道路测试保障，构建限定开放环境道路测试评价体系。

（三）完成检测维修维护体系建设

（1）完善检测体系建设。首先，加速推进自动驾驶货车专业维修保养服务网点建设，强化服务网点基础设施规范；其次，丰富服务网点的检测设备，针对服务网点基础设施及设备，制定在用车辆自动驾驶功能的测试验证的方法并形成体系；再次，推广运营货车自动驾驶系统综合性能在线评价、远程故障诊断功能；最后，建立二手车自动驾驶功能评测规范，为二手车自动驾驶功能使用提供保障。

（2）强化维修体系建设。首先，为服务网点自动驾驶维修设备提供有效保障；其次，为服务网点提供必要的自动驾驶传感器配件保障；最后，为服务网点开展技术培训，进行技术输入，推进自动驾驶货车维修工艺发展。

（3）推进维护体系建设。建立车辆、自动驾驶系统、传感器生命周期管理方法，建立自动驾驶车辆、传感器的维护保养规范及方法，推进货车自动驾驶维护保养工艺发展。

（四）完善道路基础设施建设

（1）强化高速公路场景车路协同基础设施建设，加速推进高速公路路段货车自动驾驶、车路协同测试与应用示范。推进高速公路货车自动驾驶专用道建设，开展高速公路货车专用道路自动驾驶测试与应用示范。

（2）以为自动驾驶货车运输提供安全及效率保障为目的，构建合理、统一的车路协同道路建设规范。在多地多"点"同步进行车路协同道路基础设施升级改造，强化区域联动，依托区域一体化建设，实现自动驾驶重型卡车跨区域"线"路运输测试示范，并最终实现全"面"推广。

（3）以安全、能耗、效率为导向，制定车路协同场景动态评估方法及评估体系，对车路协同技术在重型卡车自动驾驶中的应用场景进行优先级排序，最大化发挥道路基础设施价值、作用。

第九章　自动驾驶在城市的商业化应用

城市开放道路环境复杂，自动驾驶在城市实现全面商业化尚存困难，但限定区域的示范区和测试区已吸引大批头部技术力量，且已在经济和社会效益上凸显了示范效应，从政策到市场层面均大力推动着产业快速发展。与此同时，欧美略激进的城市化自动驾驶项目问题不断，反映出真正实现城市化自动驾驶还有很长的路要走，进一步验证了单车智能的弊端和车路协同技术的优越性。

一、自动驾驶在城市落地项目的开展情况

城市开放道路的环境是最为复杂的，较大量的"长尾问题"是导致目前还没有条件让自动驾驶在城市实现全面商业化的重要原因。笔者认为，城市自动驾驶车辆的典型应用为乘用车（包括限定区域或开放示范区内的无人驾驶出租车、自动驾驶示范区内的自动驾驶公交车、特定封闭停车场内具有AVP功能的乘用车）和功能性无人工作车辆（包括城市示范区内的无人配送车、园区或者示范区内无人清扫车和其他无人车）。

（一）国外城市商业应用起步早且稳步发展

美国、日本、德国等国家均开展了自动驾驶商业化试点和运营，较为突

出的是谷歌旗下的辉摩（Waymo）公司布局无人驾驶已经有 10 年，在测试方面，其已经进行了超过 483 万公里实际路测，遍及 25 个城市；早在 2015 年，优步（Uber）科技公司就已经开始布局自动驾驶业务；2019 年 11 月，小马智行率先在美国加州推出无人驾驶出租车业务，且面向普通公众服务。

与此同时，从 2010 年起，无人配送车行业在国外城市区域起步，使用人行道或者运输专用道运输货物，进一步缩小了限定场景。

另外，L4 重型自动驾驶公交车 Xcelsior AV 在北美全面运营。

2019 年 7 月，德国巴登-符腾堡州有关部门批准戴姆勒股份公司和罗伯特•博士有限公司，在斯图加特的梅赛德斯-奔驰博物馆停车场日常使用自动代客泊车系统（AVP），这是全球首个针对停车场的自动驾驶项目。

（二）国内城市商业应用活跃

相比国外的无人驾驶，国内的企业在试点运营上紧跟步伐，且热点众多。多地政府和多个自动驾驶运营公司合作，在国内的长三角、珠三角、华中等多个城市呈现多种形式的示范试运营。

从 2018 年开始，滴滴自动驾驶、小马智行、元戎启行、深圳安途智行科技有限公司（以下简称"安途智行"）、文远粤行（广东）出行科技有限公司（以下简称"文远粤行"）等多家自动驾驶运营企业在上海、广州、深圳分别拿到测试牌照开展无人出租车的运营，建设无人驾驶运营中心、进行无人驾驶科普、市场教育和常态化运营，当地民众已经可以通过 App 等渠道体验到无人驾驶出租车。据不完全统计，运营总里程已经超过了 3000 公里，包括在超过 7000 平方公里城市开放道路上的运营里程。图 9-1 是正在测试中的滴滴自动驾驶出租车。

第九章 自动驾驶在城市的商业化应用

图 9-1 滴滴自动驾驶出租车正在测试中

自动驾驶公交车是未来公共交通的核心之一。从 2020 年开始，百度、东风汽车、中车时代电动汽车股份有限公司、广州文远知行科技有限公司（以下简称"文远知行"）等多家公司的自动驾驶公交方案在重庆渝北、山东青岛国家海洋实验室园、湖南长沙湘江新区、广州国际生物岛等典型试点区进行试运营。分别向媒体和公众开放预约试乘体验载人摆渡、运送物品等活动。智慧公交车全程可以完成自主运行、启停、避让行人、提速、转弯等基本无人驾驶动作，其中东风 Sharing-VAN（如图 9-2、图 9-3）作为目前国内最高水平且融合 5G 通信技术的自动驾驶公交车，不但实现单车自主无人驾驶功能，还能在我国自主研发的 5G 通信和北斗定位系统这两大科技支持下实现远程遥控驾驶，如遇到紧急状况，远程驾驶人员可以通过自研的远程驾驶系统接管车辆，且该过程时延只有 5～6 毫秒。

图 9-2 园区中的东风 Sharing-VAN

图 9-3 人们在预约体验东风 Sharing-VAN

虽然停车场也属于限定场景,但由于该区域内的交通参与者包括不同年龄阶段行人和乘用车,且目前的停车场有较多复杂地形,考虑安全风险,国内法规未给予自动驾驶汽车在停车场内行驶的路权。因此国内还没有在该领域实现试点运营的运营企业。但基于停车场自动驾驶的解决方案的技术研发依然是市场的热点。

功能性无人工作车辆包括无人清扫车和配送车。由于市场热点,此类车辆试点更为普及。由于市场的驱动,无人配送车行业是各大物流公司和互联网公司竞争的重要领域点。从 2018 年起,美团、京东、苏宁物流、菜鸟驿站、中国邮政等物流公司就联合新石器、智行者、行深智能、白犀牛、一清科技等无人配送解决方案技术公司在常熟、仙桃、苏州、杭州、成都、上海、天津、雄安新区等地推出无人配送业务，用户可以在特定区域内使用 App 下单，体验无人配送车的全流程服务。无人配送车的单区域投放规模和种类也呈现逐步增长的趋势。从几十台到万台的预期说明其市场有需求保证，企业有发展信心。无人清扫车的市场较为封闭，是在以往技术基础上增加自动化的功能，并与无人驾驶技术结合，完成城市清扫场景的需求；智行者、上海仙途智能科技有限公司、上海高仙自动化科技发展有限公司、深兰科技（上海）有限公司、安徽酷哇机器人有限公司等分别推出了无人清扫车，在北京、深圳、上海等城市进行了试点应用和落地。

城市无人车还在金融信息服务机器人、商业园区导购、公安安防自动巡逻等领域进行了试点运营。

二、多元的城市自动驾驶价值和实现途径

自动驾驶在国内外有多元的实现路径和核心价值，使得其发展也呈现多元化。

（一）交通即服务

谷歌在十年前开始布局无人驾驶，然后成立独立公司 Waymo 专注于无人驾驶。Waymo 以视觉和激光雷达算法为主，推行"交通即服务"的商业模式，比如无人出租车业务。

Waymo 拥有自动驾驶仿真模拟器 Carcraft，该模拟器可以 7×24 小时全年无休对自动驾驶车辆进行训练。Carcraft 通过搭建各种复杂的道路状况场景，让车辆进行学习，同时对于这些复杂的场景可以进行叠加，产生更复杂的场景。Waymo 已经积累了超过几万种结构化测试的场景库，有几万台虚拟车在不停地运行，每天的行驶里程超过千万公里，目前总的测试里程已经达到百亿公里。除了通过仿真进行无人驾驶车的测试验证外，Waymo 也在进行实际道路的测试。Waymo 在多个州投放大量无人驾驶车辆，已经进行了遍及几十个城市的数百万公里实际路测。积累了大量测试数据，同时和来福车（Lyft）应用

所属公司合作，对自动驾驶系统的测试验证有明显提升。Waymo 从行为安全性、功能安全性、碰撞安全性、操作安全性和非碰撞安全性五个安全领域出发，制定了完备的系统安全计划。确保自动驾驶系统的安全可靠。

Waymo 在商业落地方面，推出自动驾驶出租 Waymo One 并已进入无安全员运营阶段，每周大约有 2000 次的打车服务，其中 10% 左右为全自动驾驶。Waymo VIA 侧重无人卡车货运，物流线路更固定，更适合自动驾驶的落地，主要在城市配送、干线物流等固定场景使用。Waymo 与戴姆勒合作，积极推进无人货运的落地。

（二）汽车即产品

电动汽车厂家特斯拉代表的是"汽车即产品"的服务模式，从辅助驾驶过渡到完全自动驾驶主要基于摄像头的视觉识别，依赖大量且丰富的标注数据，拥有超 100 亿公里的实测数据。其自动驾驶系统 Autopilot 的主要优势在于神经网络、海量数据与控制算法。因为特斯拉实际在运行的车辆规模庞大，故积累了大量的实测经验和数据，相比 Waymo 而言，在理论水平差不多的情况下，有更多有价值的数据可供验证以改进自动驾驶系统。特斯拉 Autopilot 投入市场的策略非常激进，比如特斯拉推送 FSD Beta（全自动驾系统）给少量用户，有些功能尚未经过完全测试验证。从实测数据来看，FSD Beta 大部分时间可以实现"零干预驾驶"，如可以在路口识别红绿灯及道路旁的禁令标志，根据路口标线及导航自动选择车道；在通过复杂路口时，能自主遵守路口让行规则行驶，自主避让行人。特斯拉通过大量的实际用户使用不断地提升自动驾驶水平，通过和车辆的集成更新，形成汽车即产品的服务模式。

（三）开源生态

百度在持续进行工程化验证，形成了 Apollo 自动驾驶生态，Apollo 也成为全球最大自动驾驶开放平台。

Apollo 开放平台是一套完整的软硬件和服务平台，包括车辆硬件、硬件平台、软件平台和云端数据服务。车辆硬件包括工控机、全球定位系统、惯性计算单元、摄像头、激光雷达和毫米波雷达等。软件平台包括定制 Linus 系统内核、定位系统、感知算法、融合算法、规划决策等，云端服务包括仿真、数据分析处理等内容。通过自动驾驶开放平台提供开放服务，满足不同要求的自动驾驶需求。

Apollo 自动驾驶出租车服务率先在北京开放，测试区域几百公里，跨越几个区域的数十个出租车站点。使用百度 Apollo 开放平台的自动驾驶汽车如图 9-4 所示。

图 9-4　使用百度 Apollo 开放平台的自动驾驶汽车

（四）车路协同

实现自动驾驶有两种途径，一种为单车智能，国外普遍采用这种方式，比如特斯拉、Waymo 等，另一种方式为车路协同，即用路侧智能感知设备与智能车辆进行协同感知、融合，以"上帝视角"做到超视距效果。为了更好的安全效果，我国采用车路协同自动驾驶模式，具体以国家和地方为主要力量，多部门之间积极跨区域合作，积极布局基础设施建设、构建标准体系、完善监管服务、打造产业生态、探索法规修订等，在不同城市积极推进智能网联汽车的自动驾驶复杂场景测试验证。中国移动利用 5G 分级网络和车路协同网在自动驾驶领域推出高动态自动驾驶数据信息服务，加持单车自主自动驾驶的数据盲区。百度推出的 AEC（自动驾驶 - 车路协同 - 高效出行）自动驾驶系统都是属于车路协同解决方案。

三、经济和社会效益

（一）运输效率

自动驾驶对社会经济有巨大影响。自动驾驶具有显著的"催化创新"特征，在规模化部署之后，自动驾驶在多方面显现出巨大的社会效益和经济效益，比如会极大提升道路交通的安全性，通过各种传感器可以更好地识别出交通参与者，并及时做出规划决策，提高交通的运输效率。在自动驾驶条件下，车辆的通行效率会更高，减少了排队等待时间，最大化交通道路的利用率。在完全自动驾驶条件下，可以减少急刹车、急加速等很多不良驾驶行为，使车辆的油耗保持熟练驾驶人员的使用水平。在特定场景（如高危物品运输、园区接驳、物流、载客运营、交通巡逻等）中使用可以大大降低人员成本，确保作业时间无空隙，提升驾驶质量和驾驶效率，创造良好经济收益。

（二）产业链拉动

自动驾驶对产业链的带动作用十分显著。首先，自动驾驶重塑汽车产业链，新的设备的使用对厂商而言是全新的市场机会；其次，带动整个产业链的发展，提升配套产品的软件和硬件能力，比如各种感知设备、摄像头、激光雷达、毫米波雷达等；再次，拓展汽车产业的后装市场，将汽车从出行工具拓展到移动智能服务终端；最后，自动驾驶对交通出行、信息服务等领域产生促进作用，出现新的服务产业。

（三）示范区效应

以国家政策为主导，各城市积极建设智能网联汽车测试区和示范区，如北京高级别自动驾驶示范区、上海临港智能网联汽车综合测试示范区、中国汽研智能网联汽车试验基地、国家智能网联汽车（上海）国家智能网联汽车（武汉)测试示范区等，加快布局自动驾驶领域，形成新的产业格局。这些示范区搭建不同的场景进行测试，同时和 V2X 结合；这些示范区可进行联动，跨城市进行测试，验证网联自动驾驶的效果，通过边缘云、区域云、中心云三层架构，把算法和功能融合，使规划决策、感知融合、规划控制、行为预测等在边缘云实现，数据仿真、在环测试、运营管理、运维服务等在区域云。

(四) 更加安全的行驶体验

目前，Waymo 拥有超过 40 000 种结构化测试的场景库，这些场景包含在公开道路上从未见过但可能会发生的场景，以及极小概率发生的场景。Waymo 的自动驾驶实测里程超过 2000 万公里；Apollo 实测里程超过几百万公里，保持零事故率，已经获得十几万乘客的实际验证。

四、存在的问题和不足

(一) 城市环境带来的挑战

中国城市交通环境比较复杂，这样的交通状况在系统理论上是自组织的，通过牺牲一定的交通环境，借助一定的混杂程度，来将路口所有的行人、非机动车及机动车的整体系统通行能力进行提升。相比国外交通环境，人的行为因素影响较大。

城市内车辆也比较多样，除乘用车商用车外，也包括电动自行车、低速新能源车等各种形式的车辆。一方面其他类型车辆对周边车辆识别感知产生影响，另一方面周边车主驾驶行为的复杂度也会提升。

另外，中国城市道路环境比较复杂，有条件好的绕城高速、快速路，也有城市的"窄路密网"、城乡道路，不同道路环境上的定位精度、环境感知对单车智能带来了挑战。

(二) 关键器件的量产和质量

目前我国智能网联汽车产业需要的关键器件包括传感器、车载系统、核心芯片等。基于车辆控制执行的层面，其核心部件(如发动机控制、电子制动等）供应链较长，在实际开发中容易出现响应滞后、技术限制多、成本高等问题。国内企业已在一些关键部件上建立核心能力，但多集中在传感器领域，比如固态激光雷、毫米波雷达。关键器件的量产和质量需要整个汽车产业给予扶持和支持才能形成性能和成本的竞争力。

（三）生产、研发、测试成本

自动驾驶除整车（含关键器件）的生产制造成本之外，还包括自动驾驶系统的研发成本和测试成本、测试牌照获取的成本，以及激光雷达等传感探测系统历年的维护成本、自动驾驶的保险费用等，都有较高成本。

（四）交通配套管理

交通管理方面智能汽车作为新型驾驶模式，将冲击现有交通管理的政策法规和机制、管理理论和相应的技术手段。首先，交通需求本身"MaaS"（出行即服务）的模式已经兴起。因为城市汽车保有量增加，拥堵、停车难等痛点极大地影响了出行体验，而市民追求高品质的出行服务，不仅仅是拥有一个出行工具的那么简单。新能源汽车的电气化、智能化支持对于同一个运载工具的时间和位置上的资源调用，支持用更高的调用效率、更少的汽车存量，将满足市民更多的出行需求。其次，交通管理的机制和法规方面，国家《智能汽车创新发展战略》提出2025年的愿景目标是实现在特定环境下的市场化应用。然而无论是小部分场景、特定模式的应用示范，还是多数场景、各类模式的商业化应用过程，法律法规的完善程度、各个管理机构的职责边界和协同机制都将面对越来越直接、复杂的挑战。最后，交通分析理论及管控的技术手段随着自动驾驶应用示范和商业化的逐步深入，自动驾驶将在现有交通环境中逐渐渗透，即人工驾驶车辆和自动驾驶车辆混合行驶的状态将长时间保持，传统的交通流特征分析理论、交通组织规则、监管手段无法满足混行新业态下的精细化分析及管控，交通治理理论及技术创新势在必行。

交通基础设施规划建设方面，高精度控制、数字化交互等是智能汽车的关键特性，面向无人驾驶配置的道路空间、停车设施、标志标牌等道路基础设施亟待优化完善。

道路空间规划设计理念方面，智能汽车由智能软硬件体系完成驾驶操作，控制精度远高于人类操作，车头时距、车辆横线间隙将大幅降低，甚至公路宽度可能适当减小，现有的道路交通体系将有较大的创新和调整。

道路基础设施智能化技术标准方面，以路侧车路协同设备、高精度地图为代表的数字化基础设施是智能汽车安全运行的关键，标志、标牌等信息提示将以电子虚拟化的形式直接嵌入地图，兼顾行人、自动驾驶汽车需求的集约化建设标志、标线是未来基础设施的重要组成部分，现有道路基础设施标准需要升级调整。

事故处理和法律法规方面，智能网联汽车产业的具体推广需实现真实驾驶环境的转变，因此，需要考虑法律的相关保障和道德伦理问题。目前，基于有人驾驶管理体系的法律法规无法有效支撑智能网联汽车和自动驾驶的模式管理。同时，相关的制度也不能有效保障智能网联汽车的合理通行，缺乏技术标准来实现智能网联汽车的正常运行。法律制度和政策标准的不到位也无法保障责任追究和保险体系完善。整体而言，车路相关的数据和协议都尚待统一，相关的事故责任、保险、诉讼等相关法律法规还不完善。

面对道德伦理问题，如果汽车控制系统无法在面对意外事故时做出合理的抉择，那么大规模普及就会受到影响。例如，2018年的优步自动驾驶事故，虽然最终美国检方宣布优步科技公司不承担这起交通事故的刑事责任，但引发了行业对自动驾驶法律层面的担忧。

（五）商业模式和普及推广方面

运营模式和频谱资源方面，国家对智能网联汽车先导区和示范区有相关政策鼓励，上海、无锡、长沙等地开展了各类智能网联汽车及示范的建设工作，目前多由当地政府承担投资，发挥产业技术带动作用。然而具备可运营管理的长效商业模式的（准）经营性质项目（如由企业建设智能网联路侧设施网络、投资车辆并进行运营和收费等）由于国家政策、产业链上下游各部分的成熟程度、资费模式、频谱等原因，尚无较好的商业模式，在经济效益上无法形成自我造血的循环，仍然需要依靠财政支持来维持运营。

企业和公众接受程度、数据隐私方面，自动驾驶汽车将会提供历史地理位置数据和连续实时地理位置数据，利用这些数据，可预测自动驾驶汽车用户将做出的行驶决定，以及该决定做出的时间、地点和状况，这些数据很可能体现了用户的性格特点、行为和个人偏好。用户会顾虑这样的个人数据会被用于何种用途、数据将被如何使用、数据将被保存多久、谁能够接触到这些数据，民众对于自动驾驶汽车在隐私数据上的担心和信任程度将对自动驾驶发展产生重要影响。

五、标准化情况

（一）相关标准化组织

全国汽车标准化技术委员会下设智能网联汽车分技术委员会，主要承担我国自动驾驶规范研究工作。其主要负责组织汽车驾驶辅助、驾驶环境感知、预警、自动驾驶及与汽车驾驶直接相关的车载信息服务领域国家标准的制修订工作。

全国通信标准化技术委员会下设车联网研究组，具体负责车联网的总体需求、总体原型架构、安全研究，与其相关的开源项目、应用等的研究和标准化，车联网的基础设施要求、平台技术、通信协议等技术研究和标准化，感知延伸的边缘计算、车联网端节点等技术研究和标准化。

全国智能运输系统标准化技术委员会主要承担全国智能运输系统标准化的技术组织和智能运输系统领域的标准化技术归口工作。其主要负责地面交通和运输领域的先进交通信息服务系统、先进交通管理系统、电子收费与支付系统、先进公共运输系统、智能公路及先进的车辆控制系统、货运车辆和车队管理系统、交通专用短程通信和信息交换中的技术和设备标准化。

中国汽车工程学会、智能交通产业联盟等团体也在推动自动驾驶标准化工作有所推动。

（二）国内政策

2018年起，国家多部委陆续联合印发了《国家车联网产业标准体系建设指南》（以下简称《指南》）系列文件。

其工作思路为从整体标准体系结构、建设内容的顶层设计进行规范，推动我国逐步形成统一、协调的国家车联网产业标准体系架构；对设备、通信、网络、云平台、数据协议进行国标层面的标准化，打通企业之间的行业壁垒，在较为广泛的产业影响范围内推动车联网产业健康可持续发展；结合智能交通标准体系，以保障交通运输安全、舒适、畅通为目标，推动自动驾驶相关新技术落地，推动新业务、制度的推广、应用和发展。

《指南》的智能网联汽车标准体系不仅指明智能网联汽车标准体系的定义、分类等基础概念，还分章节指明智能网联汽车标准体系包括环境感知、决策预警、辅助控制、自动控制、信息交互、V2X、登记管理、身份认证、安全、运行管理、服务标准等内容，对超过400个子项目进行规范和描述，并同时推进标准化。《指南》大大促进设备制造商、平台软件开发商、服务运营商、通信技术厂商、主机厂、自动驾驶方案提供商、地方政府等行业领域相互融合，重新定义智能网联汽车和交通。

2020年底，智能网联汽车标准体系共有6项标准已发布，78项预研中，6项已立项，8项立项中；信息通信标准体系主要共有15项标准已立项，75项预研中，1项立项中；电子产品与服务标准体系共有82项标准预研中，2项修订中；车辆智能管理标准体系共有5项标准已立项，60项预研中，1项立项中；智能交通标准体系共有8项标准已发布，5项已报批，4项已立项在编，4项已申报，45项预研中。

六、主要的技术团队和骨干企业

根据企业信息查询网站统计显示，2019年国内共计新增了816家该领域企业，企业名称或经营范围内新增自动驾驶的达379家，整体规模再度扩大。

虽然2019年自动驾驶赛道内又挤进了许多新企业，但增速相较于前两年却有所放缓。从自动驾驶领域相关企业数量、名称或经营范围数量两个维度可以看出，相比2019年的增幅，2020年分别下降了26%和31%。不仅如此，由于新冠肺炎疫情的冲击，一批早几年入局的企业纷纷在自动驾驶战略上进行调整，甚至直接退出自动驾驶赛道，自动驾驶领域再度呈现"冰火两重天"的发展态势。

（一）单车智能自动驾驶

Waymo 是单车自动驾驶项目开启较早的公司，2017 年已开始了无安全员的自动驾驶汽车测试，并于第 2018 年累计 800 万公里的道路测试里程。2019 年开启了无人自动驾驶出租车试点项目，且 2019 年年内达到了 10 万次的乘坐次数。

2016 年通用汽车收购美国自动驾驶设计公司克鲁斯（Cruise）公司。2018 年、2019 年和 2021 年陆续获得各家公司的投资，如今估值超 300 亿美元。

2016 年陈尔戈人工智能（Argo AI）公司成立，为自动驾驶汽车开发机器人和人工智能提供解决方案。该公司专注于制造能够在城市街道上行驶的自动驾驶汽车，并且已经在公共道路上测试其车辆。

优步科技公司早在 2015 年以前就开始布局自动驾驶业务，并且为了实现这一目标，开始在全世界寻找自动驾驶领域的英才。优步科技公司获得多轮融资，并在多伦多、匹兹堡、华盛顿、旧金山等多个城市测试自动驾驶汽车。但它于 2020 年出售了自己的自动驾驶汽车部门。

2016 年 9 月，肖健雄于美国硅谷创建深圳安途智行科技有限公司，研发城市场景和复杂路况的自动驾驶方案。

2016 年，曹旭东创办北京初速度科技有限公司，主要研发自动驾驶中环境感知、高精地图、驾驶决策等相关技术。

（二）智能网联自动驾驶

由于单车算力、功耗、视野有限，所以在单车智能的基础上，基于 5G 的智能网联信息的输入可以为单车自动驾驶提供更多的可靠的信息源。当前，5G 已成为新基建的重中之重，"5G+ 智能交通"、网联自动驾驶应用为加速推进交通行业数字化转型、推进网络强国、交通强国等国家战略的实施提供了重要保障。

中国移动在 2016 年开始一直在推动 C-V2X 技术的发展，推动下一代车联网的应用。它联合合作伙伴参与工业和信息化部、交通运输部、发展和改革委员会在全国多地的智能网联汽车、智慧公路等示范应用项目，致力于寻求车路协同的对外合作，促进产业成熟；建立了国内首个 LTE-V2X 示范区；首次通过 5G 试验网实现远程驾驶；2018 年 9 月，发布了跟北京房山区政府合作打造的中国第一条基于 5G 车路协同、网联自动驾驶的开放道路，该道路上分布了 10 个 5G 基站，还有智能的信息采集系统；与襄阳的测试场联合打造国内第一家汽车测试园区；跟东风技术中心合作开展 LTE-V2X 的网连测试；在湖北省武汉市经济技术开发区政府支持下做智能网联国家示范区建设；跟各大高校合作成立联合实验室，输出产业的应用和技术等。中国移动凭借"3 大能力 +1 个智慧效能平台 +N 个行业应用"布局，目前已在全国打造了智慧交通领域的上百个集团级龙头示范项目，拓展了上千个省级区域特色项目。

七、重大事件

（一）融资情况

2020 年，Waymo 启动了首轮外部融资，获得了 30 亿美元的融资。

图森未来、嬴彻科技、智加科技作为无人配送领域的主要玩家，都完成了新一轮融资，分别获得了 3.5 亿美元、1.2 亿美元、1 亿美元的投资，用于推进自动驾驶研发和商业化。

自动驾驶行业的发展潜力吸引资本与企业纷纷进驻。2014 年自动驾驶领域的初创公司开始增多，2015 年成立的自动驾驶初创企业多达 10 家。领域内的初创企业不断获得融资，资本的助力使进入自动驾驶领域的企业数量不断增长，推动自动驾驶行业扩张。当前，行业内多数初创企业处于 A+ 轮前融资阶段（约 80%），且多集聚于自动驾驶产业链上游，数量超 50 家。其中，专注研究人工智能算法的企业约有 20 家。雷达厂家深圳市速腾聚创科技有限公司（以下简称"速腾聚创"）于 2018 年 10 月获得来自菜鸟网络科技有限公司、尚欣资本管理有限公司、北汽集团等企业的 3 亿元人民币战略投资。初创企业受制于资本、人才等因素，多采用一步到位式研发策略，这有利于加速无人驾驶技术的研发进程，促进无人驾驶技术早日成熟。

（二）事故情况

2016 年 5 月，在美国高速公路上一辆特斯拉汽车在开启该车的"自动驾驶"功能过程中，因为未能识别出白色货车发生撞车事故，特斯拉汽车车主当场身亡。

2017 年 3 月，优步科技公司的自动驾驶车在道路进行相关功能测试时，与另一辆社会车辆发生碰撞，致使优步科技公司的测试车辆当场发生了侧翻事故，所幸当时并没有造成人员的伤亡。

2018 年 3 月，优步科技公司自动驾驶汽车在道路上行驶时，碰到行人横穿马路的情况并未立即采取相应的避让措施，撞向该行人，致其身亡。

以上事故使民众开始重新审视自动驾驶的可靠性、安全性、智能性等实质运营要求。

八、发展趋势和技术重点

近年来，自动驾驶在城市领域的商业化应用主要集中在自动驾驶出租车、公交车、物流配送及自动泊车等领域，这些城市自动驾驶应用场景又可按照车辆运行环境分为封闭园区低速自动驾驶、城市固定道路自动驾驶、公开道路自动驾驶三类。下面将对这些应用场景下的自动驾驶技术重点和发展趋势进行分析。

（一）园区低速自动驾驶技术重点及发展趋势

封闭及半封闭园区场景的工况相对固定简单，因此是最容易落地应用的自动驾驶场景。典型的园区低速自动驾驶场景有园区物流配送车（如图 9-5）、观光车、自动泊车、接驳车、清扫车、无人零售车等。每个细分场景都有具体的业务流程，现以园区末端物流配送为例说明园区低速自动驾驶的技术重点和发展趋势。

第九章
自动驾驶在城市的商业化应用

图 9-5　园区低速物流配送车

末端物流配送是自动驾驶物流的重要应用场景，由于末端物流配送一般在封闭或半封闭园区开展，环境简单且车速较低，因此技术门槛较低。末端物流配送车车型体积小于乘用车，行驶更加灵活。通过远程调度，在正常条件下无须人工干预操作。末端物流配送车具有清晰的应用前景，可以期待的是末端物流配送自动驾驶将在更多的领域做创新应用。例如具有较高时效性要求的咖啡配送业务，人工配送难度较大的园区、厂区送取货上门服务，以及无人售货车等。在快递配送业务中，可通过低速自动驾驶物流车替代配送员补货，节省人力，提高配送效率。

针对具体的物流配送业务场景，还需要引入车联网及云端调度管理技术，基于对具体业务逻辑的深刻理解，制定更加智能的末端物流配送车作业调度管理算法，实现面向具体业务的多车辆协同高效作业。具体来说，云端作业调度管理系统将实时搜集大量的订单业务数据，以及配送车辆的实时位置、载货、电量等数据，并基于历史数据通过 AI 预测订单业务和车辆状态，实现物流配送车的灵活机动调度，并实时优化物流配送车的行驶路径、车速，达到物流配送作业的最优效率。

同时，物流配送车急需低成本的技术方案，在降低车端传感器及控制器配置成本的同时保证正常的业务流程,使其具备实际的运营价值。具体的降低车端成本的技术方案可通过引入车路协同的能力,即通过部署在路端的传感器和 V2X 获取完整的环境信息,并在云端规划决策物流配送车的行驶路径和行为。随着自动驾驶传感器及控制器的大规模批量生产、硬件技术的进步,自动驾驶套件成本也将进一步降低。

(二)城区固定路线自动驾驶技术重点及发展趋势

目前,城市固定路线自动驾驶场景主要有公交车、无人驾驶与智能网联化,皆已经被业内公认为是未来汽车的发展趋势。在很多城市,公交车行驶在固定的公交车专用道,并且具有统一的调度管理系统。由于公交车运营主体、商业模式明确,无人驾驶与智能网联技术预期会在公交车领域率先实现商业化。

公交车的行驶路况固定简单,但仍要应对多变的环境天气。城市自动驾驶公交车(如图 9-6)的技术重点是多传感器融合方案,如夜视摄像头与毫米波雷达的融合,能主动识别天气、路面等周边环境,可实现全天候的智能驾驶功能。结合车联网、车路协同感知能力,城市自动驾驶公交车可获取完整的环境信息,在此基础上制定更加安全可靠的控制策略。此外,城市自动驾驶公交车的常态化运营还得关注自动驾驶公交车的节能技术。通过制定路况自适应的自动驾驶控制车辆策略,可有效减少车速的变化、避免车辆频繁启停,实现节能减排的作用。

图 9-6 城市自动驾驶公交车

此外，城市自动驾驶公交车的另一个技术重点和发展趋势将是引入云端智能规划调度技术，通过在公交站点安装相机，对站点的实时人流进行监控，收集各个时刻各个路线公交车的客流数据，并通过大数据及 AI 技术预测各个公交路线及站点的客流需求。根据实时的客流需求，基于整体工作效率最高的目标，实时调度不同尺寸的自动驾驶公交车去相应的站点，并规划公交车至站点的行驶路径和车速，最终完成智能化按需高效作业调度任务。

（三）城市公开道路自动驾驶技术重点及发展趋势

城市公开道路的路况复杂，自动驾驶车辆的法规、政策尚未完善，但已在全国部分先导示范区进行了一定范围内的自动驾驶车辆示范运行，如自动驾驶出租车、自动驾驶物流车等。

城市自动驾驶物流车（如图 9-7）主要承担城市内及周边城市间的货物配送和市区内不同物流站点的配送。该类车辆需要完成区间内的点到点货物运输。因为城市开放道路的路况尤其复杂，所以需要建立非常安全的自动驾驶系统来应对复杂的路况环境。

图 9-7 智慧港口中使用的自动驾驶物流车

因此，更加可靠地应对复杂天气、路况、气候的环境感知技术，更加智能、可靠的规划决策技术，以及更加安全冗余的控制执行技术是眼下公开道路自动驾驶车辆的技术重点和发展趋势。

自动驾驶出租车（如图9-8）是另一个城市公开道路典型自动驾驶应用场景，它在技术上有一些亟待解决的难题。在文远粤行的自动驾驶出租车评价中，行驶及刹车状态不够稳定、等车时间较长及路线规划不合理为用户不满意的前3名。根据对自动驾驶出租车用户调研，障碍物从路边突然探出导致急刹车、变道时"身体就像要被甩出去"、转向时难以保证安全与流畅等问题仍然存在。

图9-8 测试中的自动驾驶出租车

自动驾驶出租车的行驶路线具有不确定性，路况环境非常复杂。乘客不仅追求乘车安全，更追求舒适的乘车体验，因此，自动驾驶出租车的技术发展趋势是基于不断优化的AI技术，学习更多的路况和专业司机的操作行为数据，得到更加安全、可靠和舒适的自动驾驶策略。

九、政策与管理建议

自动驾驶作为一个新兴产业，融合了AI、大数据、5G通信技术，并且跨交通、汽车、基建等多个行业，国家和地方政府需继续大力支持其产业健康快速成长。从自动驾驶在城市领域的商业化应用出发，本书给出以下几点政策及管理建议。

一是由国家为自动驾驶示范运营区域提供相应的支持政策。基于各地开展的新兴智能化道路、智慧城市、园区等建设项目，建立车路协同自动驾驶示范运营区域，并进行逐步应用推广。

二是由工业和信息化部、交通运输部等部委牵头制定自动驾驶在城市应用领域的技术标准。智能网联车路协同将成为我国城市自动驾驶主要技术路线，但基于车 - 路 - 云融合的自动驾驶控制架构、通信方式、融合交互信号等都缺乏统一的标准，这影响了自动驾驶的大规模推广应用。因此，建议由国家层面发布自动驾驶端到端的技术标准，引导产业上下游生产规范化的产品。

三是建议国家层面针对自动驾驶，对"机动车交通事故责任强制保险"进行修订。制约自动驾驶的城市商业化应用的因素除了技术本身，还有相关的法律、法规，自动驾驶的责任主体需要进一步通过法规明确。自动驾驶车辆需要扩充进入"机动车交通事故责任强制保险"的覆盖范围，相应的承保对象、承保范围、承保金额、事故责任认定标准、赔偿标准和免责条件等都需要进一步明确。只有如此，才有利于自动驾驶汽车的全面推广应用。

四是建议国家重视对自动驾驶人才的培养，加强人才培养机制建设。将财政支持政策向具有自动驾驶核心技术的企业倾斜，通过财政补贴支持、鼓励自动驾驶专业人才向这些企业靠拢，汇聚力量快速攻克自动驾驶核心关键技术，占领技术高地，提升我国的自动驾驶研发水平，进而在国际化竞争中占据市场优势。

第十章 总结与展望

伴随着国家政策导向的强力支撑、技术研发的持续投入、资本市场的大力支持、产业生态的创新集聚、人才团队的不懈努力，我国自动驾驶产业无论是在技术创新还是在商业落地上，均取得了可观的成绩，走在了世界的前列。

农业领域，北大荒集团和碧桂园集团联合组织实施的无人化农场试验示范项目是迄今为止全球首个超万亩的无人化农场试验示范项目，实验中自动驾驶拖拉机、自动驾驶插秧机、自动驾驶植保机、自动驾驶收割机已实现规模化应用，初步实现了自动驾驶技术在耕、种、管、收生产环节的全覆盖，无人农场也正从概念阶段往商业化落地阶段有序推进。

工矿领域，国内拟建、已建多个无人驾驶矿区，开展了自动驾驶商业化应用，如白云鄂博5G智慧矿山、鄂尔多斯永顺智慧矿区、宝利露天智慧矿山、鄂尔多斯杭盖沟矿区等。依托5G通信技术、自动驾驶技术可实现矿区作业全过程智能化、信息化、无人化，已形成可复制、可推广的矿区自动驾驶商业化应用模式。

机场领域，已开展多例自动驾驶商业应用，广州白云机场P4停车场开展了无人驾驶场地车测试及示范运营，开展了无人驾驶场地车测试及运营；香港国际机场开展了全球首个在机场实际操作环节下运行的无人驾驶常态化运营，长沙黄花机场落地首个空港货运无人驾驶项目，并有望大规模推广。依托机场较为封闭的场景优势，机场领域的自动驾驶商业化有望大规模推广。

港口领域，自动驾驶已在天津港、舟山港的部分集装箱码头实现了小规模商业化应用。上海港、舟山港、深圳港、广州港、厦门港、苏州港、唐山港、日照港等港口正在进行或计划开展规模化的自动驾驶集卡、智能水平运输车的试点验证工作。借助 5G 通信技术，港口自动驾驶商业应用进程得到了提速。

社区领域，京东、阿里、苏宁、美团、中国邮政、德邦快递、行深智能、百度、白犀牛、新石器等企业已在国内多个城市开展了自动驾驶无人配送车物流配送示范运营项目，末端配送在城市、园区等多个场景得到应用。

货运领域，已开展大量高级自动驾驶重型卡车道路测试示范。智加科技在长三角地区开展了高速公路多场景常态化测试与应用示范，图森未来在上海临港开展了物流配送测试与应用示范，赢彻科技在长沙测试区开展了多场景道路测试，希迪智驾在长沙开展了自动驾驶道路测试，小马智行在广东开展了公开道路测试。一汽解放、中国重汽、东风汽车等整车制造企业正开展自动驾驶、辅助驾驶产品工程化验证与产品研制。

城市领域，多个城市已开展公交车、出租车自动驾驶测试及应用示范。如宇通自动驾驶公交车、深兰科技自动驾驶巴士、轻舟智航自动驾驶公交车分别在郑州、深圳、苏州开展了载客测试示范。文远知行自动驾驶出租车、百度 Apollo 与中国第一汽车集团有限公司红旗品牌联合研发的自动驾驶出租车、安途智行自动驾驶出租车分别在广州、长沙、上海开展了自动驾驶出租车载客测试示范。

综合来说，自动驾驶已在多个领域开展了商业化应用，无论在技术研发上还是在场景应用落地上均取得了可观成绩。5G 通信技术及车路协同技术在自动驾驶商业化应用中起到了助推作用，5G 车路协同自动驾驶成为未来自动驾驶商业化应用及发展的必然趋势。自动驾驶商业化应用发展过程促进了零部件产业发展及产业集聚，自动驾驶产业链、生态链已建立且初具规模。

随着自动驾驶商业应用进程的推进，自动驾驶商业化应用形式、商业模式将愈加完善，各领域自动驾驶之间的产业联动将愈加紧密，依托自动驾驶数据衍生出来的新型产业生态将愈加丰富。自动驾驶商业化应用将为社会提供安全、高效、便捷的生产、运输服务，促进经济发展，提高人民生活水平，助力国家各领域、行业智能化水平的提升与发展，支撑国家建设世界科技强国战略。

参考文献

[1] 中国智能交通产业联盟, 道路运输装备科技创新联盟. 中国营运车辆智能化运用发展报告 (2020)[M]. 北京：人民交通出版社股份有限公司, 2020.

[2] 交通运输公路科学研究院.《〈营运货车安全技术条件 第 2 部分：牵引车辆与挂车〉（JT/T 1178.2—2019）释义》[M]. 北京：人民交通出版社股份有限公司, 2019.

[3] 中国智能交通产业联盟、道路运输装备科技创新联盟编著. 中国营运车辆智能化运用发展报告（2020）[M]. 北京：人民交通出版社股份有限公司, 2020.

[4] 辰韬资本. 自动驾驶赋能智慧港口 [EB/OL].（2020-10-29）[2021-04-06]. https://mp.weixin.qq.com/s/k7YCs-1mIN0a3TWTWekteA.

[5] 亿欧智库. 中国高等级自动驾驶港口应用研究报告 [EB/OL].（2020-10-13）[2021-04-06]. https://www.iyiou.com/research/20201013752.

[6] 中远海运港口有限公司、中远海运科技、中移上研院.5G 智慧港口实施方案和路线图 [EB/OL].（2020-05-12）[2021-04-06]. https://mp.weixin.qq.com/s/2FIvW7aotdsg8sOQb7Jl3g.

[7] 解瀚光, 朱红儒, 王阳, 等. 自动驾驶物流车技术及标准需求研究 [J]. 中国汽车, 2020, (3):57-62.

[8] 王玄璇. 无人出租车竞赛：野心，瓶颈与反围剿[J]. 中国企业家，2020(7):104-107.

[9] 张凯，黄愉文，孙超，等. 科技革命背景下智能汽车发展战略解读及城市交通影响思考[A]. 中国智能交通协会. 第十五届中国智能交通年会科技论文集(1)[C]. 中国智能交通协会：中国智能交通协会，2020:11.

[10] 赵光辉，许美星. 我国智能网联汽车产业的发展困境与应对策略[J]. 时代汽车，2020(13):9-10.

[11] 王立，王洁. 我国自动驾驶汽车管理与法制保障研究——以道路交通安全管理为视角[J]. 北京警察学院学报，2021(1):8-12.

[12] 汪晗. 自动驾驶车辆在美国国内实际运行中的限制因素评估及对策研究[J]. 交通运输研究，2020,6(6):100-110.

后 记

不久以前,在工业和信息化部、农业农村部、财政部、国家自然科学基金委员会、中国工程院等部门和单位的指导支持下,我们立足农业全程无人化作业试验,出版了包含自动驾驶技术在内的我国首部《智能农机技术路线图:1.0 版》。5 月 18 日该书发布当天,农机板块股票几乎全部涨停。《中国自动驾驶商业应用报告》和《智能农机技术路线图:1.0 版》不同,是车载信息服务产业应用联盟在全体成员单位的大力支持下,立足行业需求和热点出版的第一本市场化行业类书籍。在新冠肺炎疫情防控阶段,行业面临种种挑战的环境下,此书的出版尤为不易,为此我们特别感谢参编的全体单位,以及电子科技大学出版社为本书出版做出的努力。

自从人类发明各种移动运载装备和作业装备以来,驾驶员这个重要的角色始终是人类自己。如今自动驾驶开始改写历史,因此也成为当今科技界、产业界和社会关注的热点。我们生逢一个伟大的科技创新时代,技术融合、交叉、迭代,特别是人工智能的出现,推动技术创新由传统的科学实验范式向着效率更高、成本更低、精准度更佳的模拟仿真和机器学习的新范式转变,一切皆有可能成为我们这个时代的特点。一台经过智能化改造、哪怕只是具备自动(1.0)行走能力的拖拉机,其一公里的直线行驶误差也只是在±2.5 厘米,相当于有 15 年熟练农机驾驶经验的工人的驾驶能力,这让我们叹服!

自从 20 世纪 20 年代美国陆军开始车辆自动驾驶试验以来，自动驾驶已经从国防和军事领域逐步走向汽车、农业机械、工程机械、社区车辆、物流平台等各种地面运载和作业装备领域，并开始商业化普及应用。无论是在城市、乡村、矿山，还是在应急抢险一线，到处都有自动驾驶的身影：自动驾驶的出租汽车相当于 4～5 辆人工驾驶车辆的运力，在提升运力的同时降低车辆能耗和排放；自动驾驶的农机可以实现 24 小时全时作业，从而提升农忙时节的作业效率；自动驾驶的矿山采掘和运载设备可以在危险和艰苦地段替代人类作业，提升安全生产能级、降低事故风险和损失。越来越多的自动驾驶应用案例正在不断证实其安全、稳定的驾驶能力。自动驾驶正逐步成为人类可靠的伙伴和帮手，在降低行驶事故、提升驾驶效率和作业质量、降低车辆和机械能耗、提升驾乘舒适度等方面发挥着越来越大的作用。

我们相信，未来，具备敏锐的感知能力、独立思考能力的机器系统将逐渐从人类手里接过各种各样的方向盘，成为地面移动运载装备和作业装备的主角。在这里，欢迎大家加入车载信息服务产业应用联盟，和我们一起，用科学技术创造新的生产力，为社会生产和社会发展提供先进的新型劳动力，从而推动我们这个世界更加进步和美好。